我这一生最大的乐趣，就是把人家的稿子编成一本很漂亮的书，封面也很漂亮。

——范用

书魂永在

SHUHUN YONGZAI FANYONG JINIAN WENJI

——范用纪念文集

本书编委会

生活·读书·新知三联书店

人民出版社

范用先生是当代著名的编辑家出版家，为新中国的出版事业做出杰出贡献。先生视书籍为生命，视作者读者为亲人，堪为文化界出版界大家，新闻出版人的楷模。

刘云山

目　录

001/　学习出版大家的风范（代序）　柳斌杰

上　编　回忆与怀念

003/　范用：永远的出版工作模范　曾彦修

006/　送别范用　张惠卿

013/　学习范用同志的优秀品质　薛德震

015/　往事历历忆范用　庄浦明

029/　范用与《出版史料》杂志　吴道弘

033/　我的良师益友　杨柏如

040/　范用和《新华月报》之缘　张小平

045/　范用三面　辛广伟

047/　我编《叶雨书衣》　汪家明

052/　追求完美出版的一生　董秀玉

056/　出版人的楷模和榜样　王　涛

059/　沉痛悼念范用同志　金敏之

063/　难忘范用　王志民

065/　深深怀念我们的好领导　吕异芳

069/　怀念、感恩范用同志　金春峰

073/　范用忆旧　陈子伶

080/　痛失巨星　张明惠

082/　受人尊敬的好领导　马少展

085/　对我影响最大的一位长者　宁成春

090/　怀念范用同志　陶　膺

103/　怀念我们的好领导范用同志　邓宝锷

110/ 范用同志二三事　孙德琛

114/ 与范用相处的日子　刘大明

119/ 深切悼念范用同志　严　俊

121/ 怀念老友范用同志　曹健飞

124/ 缅怀学长、同乡、挚友范用　嵇钧生

129/ 一个纯粹的人　刘梦溪

131/ 二十两黄金救出的书痴范老板　张　莱

139/ 范用的穆源　雨　城

143/ 我想让他说……　叶　芳

151/ 范用书情　刘丽华

154/ 多么想留住您远行的脚步　肖　辉

160/ "文史馆"中忆范用　李京明

165/　一位纯粹的爱书人走了　李京明（整理）

下　编　范用文稿选辑

171/　只有一年

　　　　附：范用散文《只有一年》刊发手记　张国擎

186/　为了读书

191/　"大雁"之歌

198/　琐忆抗战时期党领导的出版事业

202/　我的读书观

204/　相约在书店

209/　一封感人的来信

212/　子夜惊魂

218/　办杂志起家

221/　漫画家与范用

228/　怀念书友家英

234/　忘不了愈之先生忘不了《月报》

240/　新中国第一批期刊

246/　感　念

250/　一座有待发掘的宝藏　李京明

253/　出版后记

学习出版大家的风范

——深切怀念著名编辑家出版家范用同志

（代 序）

● 柳 斌 杰

为党的出版事业奋斗终生的著名编辑家、出版家，人民出版社原副社长、副总编辑、三联书店原总经理范用同志，因病医治无效离开了我们，新闻出版界、文化界都感到我们痛失了一位令人尊敬的出版家。今天出版界、新闻界、文化界的新老同志，怀着沉痛而又崇敬的心情，深切缅怀这位大家为出版事业奋斗的光辉业绩和光明磊落的刚正精神，既是对逝者的哀悼和追思，也是对活着的人的启迪和引导，因为当一个人的生命到达终点的时候，他人生固有的人性之真善美才能放射出永不泯灭的光芒。

范用同志是一生坚守在党的出版战线的抗日老战士。早在抗日战争全面爆发后的 1938 年，年仅 15 岁的范用就走进了抗日文化队伍，参加了我党领导的读书生活出版社的工作。1939 年就成了一名共产党员，从那时转战武汉、重庆、上海，直到调入北京，一直在出版战线工作。可以说，范用同志把毕生的精力和全部心血都奉献给了党的出版事业。70 多年的实践证明，范用同志是中国共产党的优秀党员、新中国当之无愧的出版家。

范用同志在新中国书刊出版界业绩卓著，声名远播，是为我国新闻

出版事业作出巨大贡献的编辑出版大家。他策划出版了一大批广受读者赞誉、影响深远的名家名作。也许很多人并不知道他的名字，但很少有读书人没有读过他编辑出版的图书。范用同志在人民出版社和三联书店工作的几十年间，特别是改革开放以来抓住难得的机遇，主持出版了一大批在中国图书出版史上具有重要文化价值和文学品位的经典图书，深深影响了一代又一代中国读者。如销量以百万册计的《傅雷家书》、巴金的《随想录》、陈白尘的《牛棚日记》、杨绛的《干校六记》、夏衍的《懒寻旧梦录》、郑振铎的《西谛书话》、叶灵凤的《读书随笔》、朱光潜的《诗论》等图书。他还自学成才，精于图书装帧艺术，亲自主持了70余种书的装帧设计。他主持编辑、设计的这些图书产生了长期而广泛的影响，成为一个时代广享读者盛誉的标志性出版物。

范用同志积极倡导创办了《新华文摘》，主持创办了《读书》杂志，在当时的思想文化界产生了广泛的影响。1979年创办的《读书》是"文革"后第一本思想文化评论刊物，成为20世纪80年代解放文化思想的一个前沿阵地，引领文化思想界的潮流。直到今天，《读书》杂志营造的追求独立思考、自由精神的理念，仍为许多读书人所追慕。《新华文摘》杂志，则以其思想性、权威性、学术性在期刊界独树一帜，受到思想界、学术界、文艺界乃至广大党政干部的关注和信赖，成为在全国有广泛影响力的大型名牌刊物。

范用同志不仅编书、卖书，而且离休之后自己也笔耕不辍，著有《我爱穆源》、《泥土·脚印》、《泥土·脚印（续编）》、《叶雨书衣》等；编著有《爱看书的广告》、《买书琐记》、《买书琐记续编》、《文人饮食谭》等书，留下了自己所历、所思、所想、所为之印迹。

范用同志不仅是一位出版大家，对编辑出版事业作出了巨大的贡献，而且他一生光明磊落、品格高尚，大公无私、胸怀宽广，淡泊名利、不图虚名。虽经坐牢、批判而理想不变，评职称、评奖、评级总是先人后己，对于自己身后事也以不给组织添麻烦为处理原则。早在1989年，他就致信人民出版社，自拟好讣闻，并留下遗嘱：不开追悼会，不去八宝山，遗体捐供医用。其高尚无私的品格可钦可敬，感人至深。

在我们新闻出版界，历史上有许多这样的老同志，他们把新闻出版事业作为毕生选择，一生忠于职守，艰苦奋斗，不计名利，甘于奉献，他们的精神和业绩，对推动时代发展和弘扬革命精神产生了重要影响。从早期的邹韬奋先生、范长江先生、叶圣陶先生，到王益先生、黄涛先生、范用先生等，他们不仅是新闻出版界的骄傲，更是党和国家的宝贵财富。我们的新闻出版业能取得现在的成绩，是和像范用一样的老前辈们的艰苦奋斗分不开的，他们无私奉献、鞠躬尽瘁的高尚品德永远值得我们一代又一代新闻出版、版权工作者学习和发扬。

党的十七大对在新的历史起点上兴起社会主义文化建设新高潮、推动社会主义文化大发展大繁荣作出了全面部署。前不久，胡锦涛总书记又发表重要讲话，深刻指出深入推进文化体制改革，促进文化事业全面繁荣和文化产业快速发展，关系全面建设小康社会奋斗目标的实现，关系中国特色社会主义事业总体布局，关系中华民族伟大复兴。在这一新的时代背景和形势下，我国已经加快了由新闻出版大国向新闻出版强国迈进的步伐。光荣的使命正需要像范用同志这样勤奋敬业、无私奉献的出版大家，时代呼唤像范用同志这样既有文化追求，又有人格魅力的出版家。新闻出版界同志怀念范用，最好的方式就是大力弘扬范用等老一辈出版家的宝贵精神财富，继承和发扬他们的优良传统和高尚品德，为进一步推动我国新闻出版业大发展大繁荣多作贡献。我个人的热切希望是有更多的真正的出版家成长起来，由此有三点感悟。

一是出版家要多出传世之作。要学习范用同志对于新闻出版工作深厚的感情、强烈的历史责任感和执著的文化使命感，把心力放在出版更多精品力作上。

能不能真实记录当代历史，传承过去的历史，留下我们时代的永恒记忆，需要我们的编辑出版者具有强烈的历史责任感和执著的文化使命

感，把真的历史、真的文化留给后世。当代中国在中华民族发展史上可以说是空前伟大的时代，应该产生伟大的科学家、文学家、艺术家、理论家，这就需要我们编辑去发现、去推荐这样的人才。大家知道，作为出版家的鲁迅、巴金，他们办刊时发现了许多革命的文学家、艺术家。范用同志也具有这种强烈的历史责任感和文化使命感，他坚守文化品位，力推文化精品，致力于出版当代中国最好作家的最好作品。正因为如此，他广交文友，获取线索，登门求稿。只要认定是对历史、对文化、对社会有重要价值的书，他就会冲破重重阻力、顶住各种压力去组织编辑出版。由此，才有了巴金的《随想录》、陈白尘的《牛棚日记》以及《傅雷家书》等这些具有时代象征意义出版物的问世，成为新中国出版史上的传世之作。比如，《傅雷家书》一书出版前，傅雷长子傅聪依然有"叛国"之名，是范用排除各种阻力，使书稿于1983年面世。为了使该书顺利出版，他曾恳请胡耀邦同志批示傅聪回国讲学。本书出版后短短几年，发行量以百万册计，至今仍深深地影响着一代人，体现出一位编辑大家特有的判断力、鉴赏力和决策勇气。

创作生产更多无愧于时代、无愧于人民的文化精品，最大限度地发挥出版引导社会、教育人民、推动发展的功能，是新闻出版体制改革和科学发展的主要任务。前不久，李长春同志在参观第十七届北京国际图书博览会时指出，出版社要在推出优秀作品基础上不断推出若干名家、大家、大师。名家、大家、大师是一个国家民族文化的脊梁，是一个国家精神的象征。他们能不能创作出思想性、艺术性、观赏性相统一的好作品，出版人起着决定性的作用。我们有责任选择大家、大师，并把他们的力作出版给读者、推向市场。正如上面谈到的，范用同志就是这样一位杰出的出版大家。我们要以范用同志那样的历史责任感和文化使命感，积极投身文化体制改革，以出版机制加强对文化产品创作生产的引导，坚持正确的出版方针，深入实际生活，深入人民群众，继承和发扬中华文化优良传统，吸收借鉴世界有益文化成果，真正从历史、社会、群众需要出发，推出更多精品力作，这是出版家的硬道理。

二是出版家要成为作者、读者的挚友。要学习范用同志视出书如生命，视作者、读者如亲人的敬业精神与职业操守，做扎根人民群众之中的编辑家、出版家。

作为一个出版人，范用同志不是一般的爱书，他爱得很深沉、很痴迷，他对选题、作者、书品都是极为用心的。单从对书的装帧设计的热爱，就从一个侧面典型地体现和反映了他精益求精的职业精神和内在热情。他认为，书是有生命的，我们要像尊重人一样尊重每一本书。书的内容以及封面、扉页、勒口、版式、正文、插图、纸张、材料等都是书的生命组成部分，一丝马虎不得。他曾说过："我这一生最大的乐趣，就是把人家稿子编成一本很漂亮的书，封面也很漂亮。"正是由于他的严格要求和坚守，三联风格的装帧设计成为现在出版界的一个独特文化标识。范用同志热爱作者、尊重作者，大力培养年轻作者，喜欢和作者交真心朋友，注重作者与编辑之间的情感交流。夏衍先生曾经说过："范用哪里是在开书店啊，他是在交朋友。"《时光——范用与三联书店七十年》一书中就择登了夏衍、钱锺书、巴金、冰心、茅盾、胡愈之、朱光潜、李一氓、柯灵、聂绀弩、汪道涵、艾芜、启功、新凤霞、鲁少飞、王元化、汪曾祺等给他写的 20 篇书信影印件，从中可以看出他们和范用同志的书情和友情。范用同志更爱读者，强调书刊出版要始终牢记为读者服务，从内容到形式都有利于读者。范用同志对年轻编辑更是言传身教，培养了一批高水平的编辑出版人才。

范用同志这种亲人般真挚的职业态度和职业情感中所包含的出版理念，不仅对新时期三联书店的发展和传承产生了极大的影响，而且使邹韬奋的精神延续到今天，为后来者树立了一种标杆。他做出版工作有魄力，决断明快，认定要做的事，就全力以赴，精益求精，力求完美。作为老出版人的杰出代表，他对文化和出版事业的坚守和热爱，他鲜明的出版风格，勤奋努力、无私奉献的精神，值得每一位年轻编辑、每一个

当代出版人学习和践行。广大新闻出版工作者要以他为榜样，站在推动社会主义文化事业大发展大繁荣的高度，增强责任感和使命感，不断提高促进新闻出版业科学发展的素质和能力，为推动我国向世界新闻出版强国迈进作贡献。

三是出版家要做书先做人。要学习范用同志淡泊名利、甘为人梯、坚持真理、胸怀宽广的人格魅力，不断加强文化精神涵养，努力提升职业道德。

范用同志一生对编辑出版事业兢兢业业，孜孜以求，一心一意地编书、办杂志，几十年如一日，不辞辛苦，甘为他人作嫁衣，这是人所共知的。范用同志是一个纯粹的出版家，他嗜书如命、爱书成痴，从知识中汲取了精神营养，提升了自己的职业道德境界。范用同志个性率真、坚持真理、敢于自省、胸怀宽广，没有任何功利和私心。他曾放弃韬奋出版奖的参评机会；他曾坦言在那特殊年代人整过我、我也整过人，都要出以公心，自我批评，并向大家鞠躬致歉；他生前对于身后事的处理留下不求名分，不要评价，无任何要求的遗嘱，更现其高风亮节。1989年，范用体检时疑患胰腺癌，曾自拟几句告别词："匆匆过客，终成归人。在人生途中，倘没有亲人和师友给予温暖，给予勉励，将会多寂寞，甚至丧失勇气。感谢你们！拥抱你们！"范用同志这种精神和胸怀，体现了一代大家、名家特有的人格魅力。我们出版人要学习这种大家精神，时刻提醒自己作为一名出版人的责任和使命，做书先做人，不断提升出版人的精神境界和职业道德水平。

范用同志离开我们了，但他对出版事业兢兢业业、追求卓越、乐于奉献、鞠躬尽瘁的品德，将永远激励后人奋进。我们永远怀念他！

（原载 2010 年 9 月 20 日《中国新闻出版报》。
作者为新闻出版总署署长）

上　编

回 忆 与 怀 念

范用:永远的出版工作模范

● 曾 彦 修

　　范用同志的工作精神与工作态度，可以说是我们大家的模范。我现在只就我的浅见举几点对我印象很深的特点谈谈。

　　第一，范用同志喜欢博览群书。没有这一点做基础，他也不会那么喜欢出版好书的。在这点上，范用同志起了模范带头作用。

　　第二，他全心全意地去发现和出版好书。在这方面，范用同志是如醉如痴，从未懈怠。例如，《傅雷家书》，这是一本十分感人的好书，写的是私人信，目的只在教育后代。但是，一经出版，人们就发现，它是一本教育广大青年的极品好书。它在教育青年人如何对人处事方面，实在是一本崇高、实在而又十分感人的书。其实，何止青年，我以为所有人都是可以把它拿来作为净化自己灵魂的一本好书来读的。它寓理于情，所以感人至深。

　　著名的《曾国藩家书》，实在是一本值得一读的好书，名为致兄弟、儿子的家书，实际上它具有普遍的教育意义，所述诸事对谁都有规劝作用。一百多年后，又出现了《傅雷家书》，可称双璧。这都是我们民族的瑰宝，不分长幼都应该读。

　　范用同志独具慧眼，用尽一切力量去取得这部书稿，精心出版。这实在不仅是对出版工作的一大贡献，而且是对我们民族的一大贡献。

第三，尽善尽美的工作作风。凡是范用同志抓的书，无论内容、形式，他都一抓到底，务求在当时条件下做到尽可能的完美。如果在今天，范用同志一抓到底的书，一定本本都可能成为艺术品。这一点，是我们特别应该向范用同志学习的。现在的出版物品种甚多。有不少书，只求奇怪，不管实用。有时一本书难寻目录，或者目录字与正文一样大；有时一个版面大部分是空白，正文字却比蚂蚁还小。诸如此类，不胜枚举。书从目录到正文，均须大方、醒目，这是起码的要求，这叫"民族化"，丢不得的。范用同志要求每本书或成套书的外形都应该有不

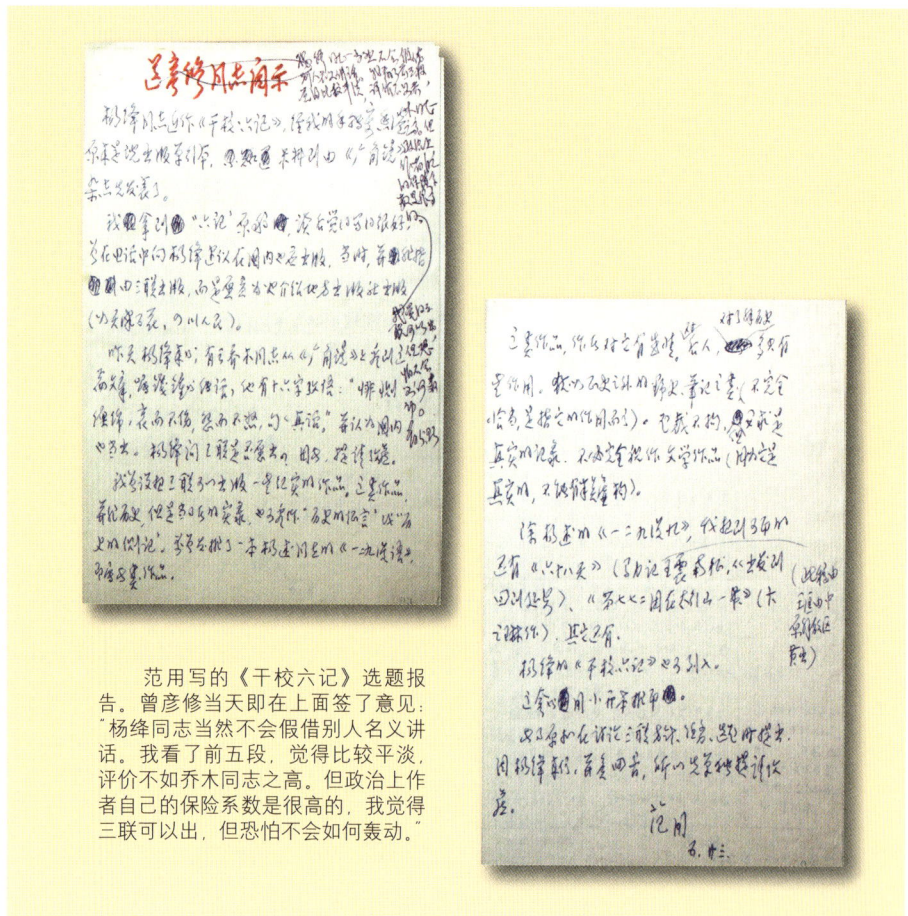

范用写的《干校六记》选题报告。曾彦修当天即在上面签了意见："杨绛同志当然不会假借别人名义讲话。我看了前五段，觉得比较平淡，评价不如乔木同志之高。但政治上作者自己的保险系数是很高的，我觉得三联可以出，但恐怕不会如何轰动。"

同的特点，必须能使人赏心悦目，能使人对它产生亲和感。一本书和一套书，务必不要使人一眼看去就觉得它太浅、太浮华或太殿堂化了。古云："质胜文则野，文胜质则史，文质彬彬，然后君子。"这里的"史"是指浮华、繁琐之意。我觉得，范用同志就是在求其适宜。

我祝愿我们能够把范用同志的好传统发扬光大下去。

2011 年 4 月 16 日

（作者为人民出版社原社长、总编辑）

送 别 范 用

● 张 惠 卿

范用同志走了，我非常悲痛。他的去世，我原也有些心理准备，因为近两三年来，范用同志的精神状态一直不好，郁郁寡欢，足不出户，有时整天躺在床上看书，或者是闷头睡觉，生活极不正常。原因很清楚，首先是他老伴丁仙宝的突然去世，对他打击很大，范用平时

本文作者与范用

的生活起居都是丁仙宝悉心照料的，她一走全乱了套，儿女都要上班，整天只有一个保姆陪伴着他，没有人可以交谈。而更主要的是，这几年来和他志同道合的许多知交好友相继离世，对他可以说是接二连三的打击。我有时去看他，他一谈起这些事，都是热泪盈眶，极为伤心。戈宝权、叶浅予、黎澍、胡绳、启功、陈白尘、郁风、杨宪益、冯亦代，特别是和他无话不谈的吴祖光、新凤霞夫妇，最后是关系最密切的丁聪都走了，使他深深陷入了痛苦和孤寂之中。

范用是个极重感情的人，本来他和三联书店的一些老同事，每个月都要聚会一次，互相交流谈心，欢聚一堂。近年来因为一些老同志又一个个走了，剩下的已没有几个，聚会中断，范用就更加沉闷孤单，到了无法自拔的地步，甚至产生了厌世思想。半年多以前，他患了抑郁症，拒绝进食，身体极度衰弱。他的肺部本来不好，结果感染后病情加剧恶化，以致不治，实在令人太痛心、太惋惜了。

我和范用同志从 1953 年起在人民出版社共事，到现在已有 57 年，彼此相处关系一直很好。我敬重他的为人，也敬重他对出版事业的执著和认真，他爱书，也爱装饰书，他把好书看作是自己的生命。

范用在我国出版界，可说是一个真正为他人作嫁衣裳的典范。几十年来，经他手策划组织出版的图书不下数千种。为了出好这些书，他费心费力，不仅重视书的内容，也非常注意书的外观，做到一本书整体的完美结合。其中有很多图书，至今已成为文化珍品和重要的文学史料了。

但他自己在位时却没有出过一本书，直到他的晚年，还是在别人的推

冰心写给范用的题句

007

动下，才开始编写自己的书。《我爱穆源》是他出版的第一本书，这是他和他的母校——镇江穆源小学一些小朋友的通信，后来又加了怀念该校师友的文章。从中可以看出范用是一个非常纯真的人，他对童年的这些回忆和怀念，真切感人，因此冰心专门为范用写了这样的题句："童年，是梦中的真，是真中的梦，是回忆时含泪的微笑！"

范用后来又把自己的一些怀旧和回忆文章编了一个集子，书名叫《泥土·脚印》，不久又增加一本《泥土·脚印（续编）》。这是受巴金给他题句的启发。巴金给范用的题句，写了这

巴金写给范用的题句

样一句话："愿化作泥土，留在先行者的温暖的脚印里。"这也正是范用一生的写照。读范用这两本书中这些隽永清新的散文，韵味无穷，感人至深，真是一种享受。

范用一生中亲自制作了很多图书的封面，而更多是在他的构思、创意和总体设计下，交给出版社的美编同志根据他的要求具体绘制完成的。这些都体现了范用对图书装帧设计工作的一贯思想和风格。为了总结多年来这方面的经验，他选了自己七十多幅有代表性的装帧作品，写了自己如何构思、创意的体会，编了一本书，取名叫《叶雨书衣》。"叶雨"是范用的笔

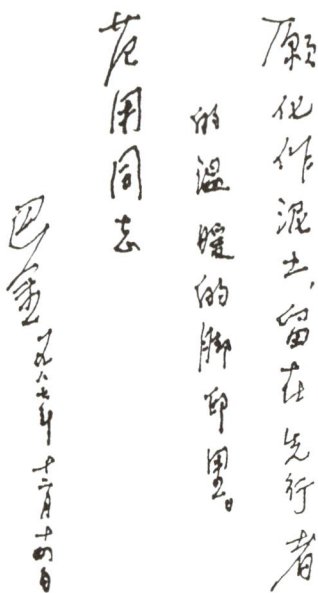

名，"书衣"即书籍的外衣，2007年由三联书店出版，也是他生前出版的最后一本自编的书。这是一本对图书装帧设计工作者具有示范性的图书，很有参考价值。

范用性格刚强，决断明快，爱憎分明，嫉恶如仇。他认定要做的事，往往坚决果敢，全力以赴，非把它做好做完美不可。他办事能力强，工作极有魄力，但他不习惯集体领导，而是喜欢独断独行，家长式的领导作风比较严重，因而别人总感觉不太好和他合作共事，因为都得听他的，有人戏称他"范老板"，他也毫不在意。

其实他个性耿直，待人真诚，一心扑在工作上，几十年如一日，从上世纪70年代后期开始，作为人民出版社领导，我和他合作相处没有发生过任何矛盾，因为我了解他，知道他的性格，也始终敬重他的为人，所以在工作上我尽力支持他、配合他。1983年起我们又一起主持过人民出版社的全面工作，合作得也很融洽愉快。

我对范用同志十分钦佩乃至折服的是他在"文化大革命"中的表现，他显示了一个真正共产党人的骨气。"文革"在人民出版社是一场大灾难，而在社领导中受害最烈、挨打最多的就是范用，因为他自始至终对"文革"的倒行逆施极其反感，在"造反派"的强大压力下，他正气凛然，不屈不挠，一直顽强抵抗，因而"造反派"把他看做眼中钉。有一次批斗他时，一个打手上去狠狠扇了他一个耳光，把他的眼镜打飞出去摔得粉碎；又有一次他被罚跪在操场上，遭人踢打，但他毫不屈服。他先后被抄家三次，使他最伤心的是他多年来珍藏的许多图书都被抄走，丢失了不少。他还被说成是死硬顽固，十足是刘少奇的孝子贤孙。有个美编还在大字报上画了一幅漫画：四个人抬着一顶轿子，里面坐着长了个大鼻子的刘少奇，轿子上一个很大的"资"字，范用扛着一根哭丧棒，用毛巾擦着满脸汗水，气喘吁吁地在轿子前面开道，形象生动，活灵活现。范用对这张漫画非但没有反感，反而十分欣赏，后来还特地要这位美编照样画了一张，收在自己的一本书里，让大家观赏。这就是范用对"文革"的态度。

范用同志还有一个很大的特点，是喜欢结交朋友，特别是文人朋友，他认识很多和他志趣相投、观点相同的思想理论界和文化艺术界的名人，和他们常有来往，有的还交往很深。如他和黄苗子、郁风夫妇、吴祖光、新凤霞夫妇，丁聪、沈峻夫妇，钱锺书、杨绛夫妇，杨宪益、戴乃迭夫妇，冯亦代、安娜（后来是黄宗英）夫妇，萧乾、文洁若夫妇等都是好朋友，他还和夏衍、叶圣陶、聂绀弩、费孝通、黄宗江、陈白尘、汪曾祺、黄永玉、叶浅予、启功、王元化、李一氓、黎澍、胡绳、陈翰伯、刘尊棋、王世襄、戈宝权、姜椿芳、王若水、李洪林等人都交往不断，从他们身上充分吸取思想养料，提高和充实自己。

夏衍曾经说过，"范用哪里是在开书店啊，他是在交朋友"。其实范用交朋友也是为了出书，出他们的书。他一直保留着和他们来往的许多信件。

"文革"结束以后，大家痛定思痛，拨乱反正，当时思想文化界十分活跃。作为人民出版社和三联书店的负责人，范用同志也十分活跃。他要想尽一切办法，把出版工作搞上去，跟上时代的步伐。他先后创办了《读书》杂志和《新华文摘》杂志。《读书》一开始就提倡"读书无禁区"，独树一帜。范用说："我办《读书》是继承三联书店的传统，用一本杂志来联系广大的读者。让一些人能在这里很自由地讨论问

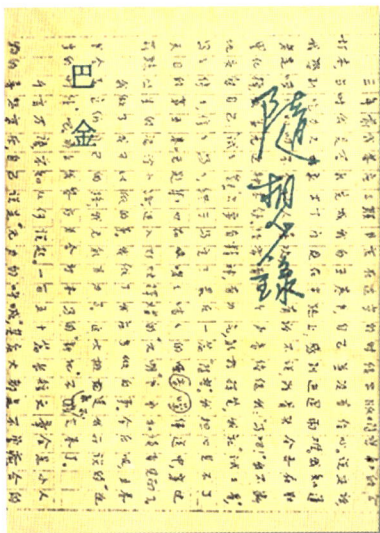

题，发表意见，交流思想。"《读书》现在已成为一本拥有广大读者的著名人文刊物了。《新华文摘》则倡导广收各家之言，为理论创新开路。尽管那些年屡遭批评指责，但它仍然已成为全国有影响的大型文摘刊物了。

在三联书店 1986 年独立建制以前，即从上世纪 70 年代后期到 80 年代约 10 年间，为了挖掘国内外著名人物的旧著新作，范用不遗余力地亲自策划组织了数十种这类书稿。现已行销百万多册、影响深远的《傅雷家书》，就是范用排除了众多困难坚持出版的。这也是一项抢救文化遗产的工作，意义十分重大。

范用还顶着风险出版别人不敢出版的所谓敏感书籍，如李洪林的《理论风云》等都是在这个时期用三联书店的名义出版的。

特别是收有巴金《探索集》、《真话集》等五个集子的《随想录》合订本，是巴金晚年最后的一批著作，十分珍贵。范用得知有人阻止刊发巴老的文章后，极为气愤，正好巴老有事来北京，住在民族饭店，范用立即赶去看望他，答应巴老一字不改地把《随想录》印出来，巴老当然十分高兴。

范用拿到共有 150 篇文章和 29 张照片的这本《随想录》书稿后，作了精心安排，亲自设计封面、装帧、版式、照片等搞得都很精美。为了用最好的纸张，范用调用了印《毛泽东选集》的备用纸。巴

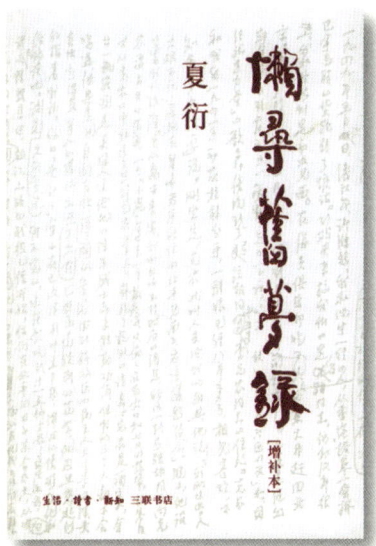

老后来收到三联书店出版的《随想录》后，喜出望外，写信给范用说："真是第一流的纸张，第一流的装帧！是你们用辉煌的灯火把我这部多灾多难的小书引进'文明'书市的。"

与此同时，范用还出版了夏衍的《懒寻旧梦录》，陈白尘的《牛棚日记》、《向人世的告别》，以及胡风、聂绀弩、廖沫沙、柯灵、唐弢、曹聚仁等一批著名文人的杂文集。

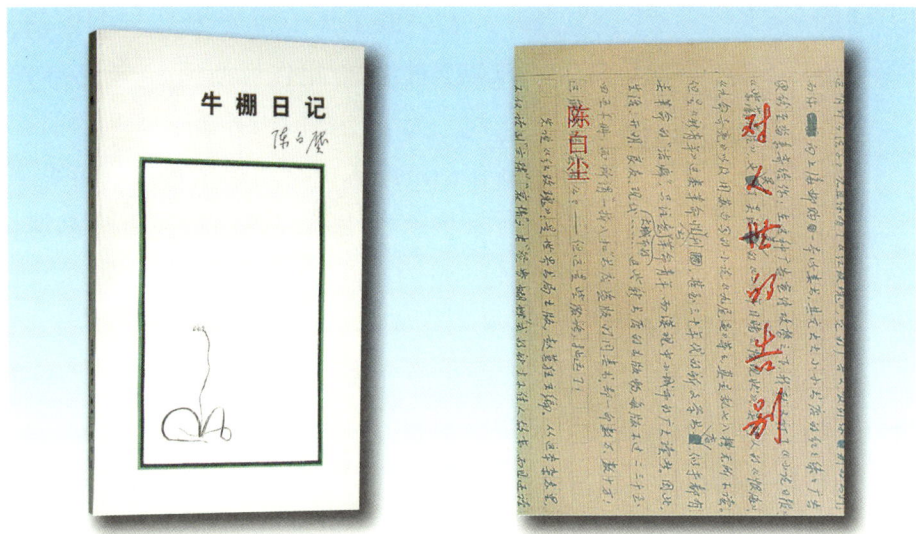

范用就是这样一位出版大家。他一生对出版事业的贡献是巨大的。人们钦佩他、敬重他。他的高风亮节，他视书籍如生命，为他人作嫁衣裳的出版工作者的敬业精神，永远都是我们学习的榜样。

2010 年 9 月

（作者为人民出版社原总编辑）

学习范用同志的优秀品质

● 薛 德 震

　　看了范用同志亲笔所写的遗言和讣闻，我非常感动，他让我们看到了一个真实的范用，一个无私无畏的范用，这是他一生人品和风格的真实写照。他是一个真正的人、大写的人。他身上有许多优秀的品质是值得后人学习的。他爱书，他更爱读书。他爱书爱到痴迷的程度。他爱书所折射的是爱人，爱读者，爱作者，爱所有爱读书的人。他的这种品格，在出版界、文化界、艺术界、学术界，总之，在整个知识界是非常知名的，是很多人都很钦佩的。

　　范用同志是一位著名的老编辑家、出版家，为新中国出版事业的发展是作出了重要贡献的。1982年评职称时，人们普遍认为他只要申报，是完全可能评上编审的。当时我在职称改革办公室工

左起：戴鹤声、张惠卿、范用、本文作者

作，就动员他申报。但他考虑多年没有评职称，历史欠账太多，名额很少，所以他坚决不申报，把名额让给了别人，这令我非常感动。

张慈中、宁成春、马少展等装帧设计方面的名家、大家，对范用同志在书籍的封面设计、版式设计方面的贡献是充分肯定的。实际上，在书籍的装帧设计方面，范用同志的设计理念、设计风格、设计的创造性和对美的追求，人们是充分肯定的，也深深地影响了一大批设计家的成长，我们这些担任过出版社领导工作的人都自叹不如，想向他学习都学不好。过去好多属于他创意设计的封面他都不署名，他是不计个人名利的。

2010 年 9 月 18 日

（作者为人民出版社原社长兼总编辑。本文是作者在"范用先生追思会"上的发言）

往事历历忆范用

● 庄 浦 明

1958 年初，我已被划为"右派"，但尚未"戴帽"，随着机构合并进入人民出版社，从此就一直在范用同志领导下工作。"匆匆过客，终成归人。"（范用自拟讣闻中语）往事历历，记忆犹新。兹略述关于范用同志的一些片断如下：

仗义救文葆

在认识范用之前，我就风闻他仗义救文葆的故事。戴文葆的名字，编辑出版界业内人士几乎无不知晓。他 1943 年在重庆北碚复旦大学读书时，就参加了中共南方局领导下的青委工作，成为一名地下工作者，创办并主编《中国学生导报》。范用当时与戴就有交往，全国解放后他将戴引进到出版社工作。上世纪 50 年代，政治运动接连不断，"反右"时大概老戴对肃反提了些意见，竟被划为极右分子，送到渤海边的茶淀农场劳动教养。那时全国处于大饥荒时期，劳改条件可想而知，老戴不久就病倒了，农场通知单位去人商量后事。社内领导小组讨论谁去时，范用挺身而出，并带着老戴的夫人同去。在当地借到一辆平板车，噙着泪水，把骨瘦如柴、奄奄一息的老戴拉到火车站，运回北京治疗。老戴命大，竟临死而没有亡，康复后对编辑出版事业作出重大贡献，荣获业

015

内最高荣誉——韬奋奖。没有范用，也就没有老戴的后半生。这故事在知识分子中广为流传，我是听同一办公室的两位复旦学长所述，他们与范用同庚，都是 1923 年生人。

充当"冒牌右派"

今天仍在使用的朝内大街 166 号"人民"和"文学"两社的办公楼，夹杂在光彩夺目的楼群中，看起来很吸引眼球，因为它很土气，也很寒酸，原是通俗读物出版社建造的。新楼尚未使用，该社机构已被撤销，业务和人员被并入人民出版社。搬家那天，记得是 1958 年春节前后，由清一色"右派"所组成的劳动队中，我见到一张新面孔。他短小身材，戴着眼镜，文质彬彬，但干活挺像内行，就是力气稍小一点儿。经打听，同伴相告："他就是范用。不是'右派'，是冒牌货。"还有人用耳语补充：

左起：范用、本文作者、乔雨舟

"他脾气有点怪，人家说他是党内民主派。"这事虽小，但并不多见。那时，一般同志见到"右派"，或投以轻蔑的眼光，或掩面掩鼻而过。一个非"右派"，而且是领导干部，混入"右派"劳动队，和他们一起搬运桌椅板凳上楼，这样绝无仅有的事，竟被我碰上了。其情其景，终生难忘。

"文革"中的两件小事

第一件事：在全社批斗"走资派"时，王（子野）范（用）首当其冲。当时社内领导成员不少，但龙多不治水，真正干事的主要是他们二人。不论是谁，对此都心知肚明。当造反派责问时，子野同志总是支支吾吾："记不清楚了，可能……"而范用呢，总是抢着回答："是我，是我干的，跟别人无关。"有一位研究普列汉诺夫的青年专家，因大学毕业后未服从统一分配，失业在家，范用就把他请来做临时工，这竟被当做走资派招降纳叛的罪行来批判。此事本来与范用无关，他也在批判会上认罪，把火力吸引过来，以便丢车保帅。

第二件事：在"牛棚"中，范用认识了缪平，并与之结成生死之交。缪平本名周学斌，原籍江苏盐城，出生于上海。其父是上海公共租界工部局包打听（探长）。缪平在读高中时背叛家庭加入地下党，利用其社会关系保护组织和同志，做了不少工作，后来进入苏北解放区。上海解放后，返沪从事青年工作，不久调北京团中央所属中国少年报，任编委兼秘书长。在那个"大跃进"年代，他对"三面红旗"的质疑比彭德怀元帅还早，所用语言也如出一辙。他患肺病在疗养院休养时，白天向伟大领袖写万言书，晚上说梦话"骂"老头儿"热昏"，结果被同室的人告密。正好是胡耀邦同志主持团中央工作时期，未对缪处分，只在中层干部中通报批评，材料不入档，但必须调离团中央。这时，人民出版社奉上面指示，正在恢复通俗读物出版社（后改名为农村读物出版社），先筹建搭班子，待条件成熟时独立，缪平就是在这时调进的。不

久，"文革"开始，范用和缪平都进了"牛棚"，两人在那里熟悉，并成为知己。缪平后又遇家庭破裂，孤身一人被扫地出门，住在范用旧居附近的一间平房内。范用之子范里至今还记得，小时候经常看到爸爸给缪叔叔送吃的东西。"四人帮"被粉碎后，缪平乐极生悲，吃烤馒头片戳破食管，经北京多家医院治疗未愈。由于无人照料，只好把他送到天津他的二哥处，因其二嫂在医院工作，便于护理。不料缪平手术后，遇地震病房搬迁，造成伤口化脓病危，非常希望见独生女多多一面。他二哥来电话后，我立即向范用报告，他叮嘱"我们一定要帮缪平实现这个愿望"。他向单位要了一辆小车，晚饭后就在工体北门口等着。我通过青年印刷厂一位朋友的女儿，半夜里才找到多多，上车时已近子夜，到天津时东方已经发白。缪平终于见到他唯一的女儿，安然地闭上了眼睛。范用不愧为缪平的生死之交。在那个年代，一个领导干部不考虑个人得失，对一个"有问题"的下属能如此赤诚相待，实在少见！

解决四位老干部的工作问题

1974年底，文化部咸宁"五七干校"撤销，所有人员全部回京。其中有一批老干部，在运动中受到冲击，有的还住过"牛棚"。当时机关里还有军代表，别的事不管了，但还掌握着人事大权。有些老干部本来就不应该去干校的，因为"五七指示"中就有"除老弱病残者外"这一条；既然在干校还可以劳动，为什么军代表要他们马上办理离休手续呢？

在领导小组开会时，范用认真地问军代表："为什么不安排一些老同志的工作？"军代表回答："办公室都满了，没有座位了。"范用再问："就是因为这个原因吗？""是的。"军代表拉长了声音回答。"好吧，这个问题就由我来解决。"范用当场立下了"军令状"，然后就回五楼，清理那间他坐了十多年的520办公室。这间办公室在五楼西头，总共才十四五平方米，正对着厕所。有人跟他开玩笑："古有太史公，今有闻屎（文史）公。"他苦笑着先把墙上的字画取下来，再把报刊捆起来，放到斜对面我们大办公室的角落里。然后向总务科要来两把马扎，放在长沙发的对面，让周静、柏宏文、高野夫、李蓬茵四位老同志坐下办公。不久，范用命我把《新华月报》从新华社接了回来（该刊在"文革"中曾一度停刊，周总理发现后令新华社接办，版权页与刊号等都不更改），他们就都参加了《新华月报》的编辑工作。周静同志是人民出版社参加革命最早的老干部，受党的派遣，曾潜入日本驻上海特务机关做情报工作，对革命忠心耿耿，无怨无悔。从《新华月报》离休后，他还被文化部聘为《新文化史料》主编。柏宏文同志在抗战前是北平地下党领导的"社联"成员，当时尚未入党，因贴革命标语时被反动派逮捕，关在草岚子监狱。抗战初期经党营救出狱后参加八路军，在华北战场上被日军俘虏，后被送到东北某矿山做劳工。他从虎口逃出后一路要饭回到原来的部队。高野夫和李蓬茵两位同志也都是抗日战争时期的干部，各有一部富有传奇色彩的革命斗争史。老高后来还被全国文联调去担任中国民间文艺出版社的副社长，离任后又被全国诗词学会聘为副秘书长。要不是范用坚持正义，据理力争，这四位老干部从干校回来后就不会再有工作的机会了。

编辑《郑超麟回忆录》

郑超麟何许人？很多人可能比较陌生。范用离休后，经常去看望楼适夷老先生。他原是与范用在同一个楼办公的人民文学出版社负责人之一，有关郑超麟的事迹正是由他给介绍的。上世纪 30 年代，楼与郑遭反动派逮捕，成为同监的难友。郑在国民党监狱先后坐过 7 年牢。解放后因"托派"问题又坐了 28 年牢，直到"文革"后才恢复公民权，并担任上海市政协委员。1996

年范用出差时，第一次与郑见面。关于这次见面和编辑《郑超麟回忆录》的情况，范用在《泥土·脚印（续编）》中有较详细的记载：

郑先生住在一所简陋的居民楼里。第一次见面，就给了我十分亲切的印象。我在他面前是个后生小子，郑老却一点也没有架子。

郑老说：我和你是同行。原来早在二十年代郑先生任中共中央宣传部秘书，负责编辑中央机关报《向导》、《布尔什维克》，党的出版机构叫"人民出版社"，而我去拜访他时，是北京的人民出版社负责人。

从那以后，我们之间通过不少封信，我竭力鼓动郑老撰写回忆录，因为他是早期党史的见证人，已经很难找出第二个人。郑老一九一九年赴法勤工俭学，一九二二年参加建立少年共产党，一九二四年参加中国共产党。在一张一九二三年拍摄的"少年共产党"改名"中国社会主义青年团旅欧支部"大会留影中，有周恩来、王若飞、陈乔年、郑超麟等人。

一九八二年人民出版社以"现代史料编刊社"名义出版《郑超麟回忆录》，只印了一千册，内部发行。

一九九八年我把郑老前前后后写的回忆录，以及《论陈独秀》、《马克思主义在二十世纪》，加上诗词《玉尹残集》、诗词近作汇编三卷《史事与回忆——郑超麟晚年文选》数十万言交香港天地图书公司出版。为编此书，全稿我阅读了三遍：第一遍为初读，第二遍为编选，第三遍是看排印清样。在北京植字排版，制成菲林寄香港付印，力图在郑老百岁大寿前出版。出版社全力以赴，将第一册书赶送到上海，飞机中午到达，郑老却已在当天上午去世，距他心血结晶送达上海仅差数时长。令人欣慰的是，郑老生前为文选写了一篇自序，也可说是遗言。

范用是 1923 年生人，编辑《郑超麟回忆录》时已经 75 岁了。他身体一向比较瘦弱，每年冬天还要犯哮喘病。一部近百万字的书稿要看三遍，这工作量是很大的。他加班加点，单兵作战，以期在郑百年寿辰时给老人献礼，第一部样书终于在老人去世当日送到上海。如何对待作者和书稿，离而不休的范用给编辑出版工作者作出了榜样。

奉作者为衣食父母

把作者看做衣食父母，范用可称得上是出版工作者的典范。茅盾回忆录《我走过的道路》刚写完第一章，他就把复印稿取来，让《新华文摘》与《新文学史料》同时刊登。夏衍的《懒寻旧梦录》、李一氓的《模糊的荧屏》等等，也都是他组来的稿。范用当年还经常与一些老朋友相聚喝酒，参加者有吴祖光夫妇、杨宪益夫妇、黄苗子夫妇，还有启功、王世襄，有时还有丁聪、叶浅予，等等。他们谈的大都是文化信息，有些书稿和选题就是从饭局中产生的，如新凤霞的几本书。醉翁之意不在酒，而在乎书稿也。

我亲历的几件事也略可佐证：

其一：丁聪 80 寿辰，正好因病住在协和医院。范用原来要亲自去探望，正巧他自己也不适，不便出门。他知道我当时就住在协和医院附近，就打电话给我，要我代他去医院表示祝贺。我欣然从命，携鲜花、水果去病房，连"小丁"和夫人沈峻共三人，为他举行了 80 寿诞典礼。场面虽小，但使老画家"小丁"充分享受到亲情和友情的温暖，喜悦之情溢于言表。

其二：文物专家王世襄，在湖北咸宁文化部"五七干校"后期，是与我在同一个班的养猪伙伴，而我还是他的班长。他的《明式家具研究》，就是从饭局上得到的选题，由范用推荐到香港三联书店出版而印行于世的。后来他们成为知己，出版了多种很有价值的图书。

其三：叶浅予老人晚年写了一部完整的回忆录，即《细叙沧桑记流年》，由他的学生郭振华陪同邀我到叶府去研究书稿的出版问题。叶老那天谈兴非常浓，当着我们的面大大称赞范用之为人："与我相交数十年，从未向我伸手要过字画，在老友中实属寥寥，仅范用一人耳。"

创办《读书》和《新华文摘》

党的十一届三中全会前后，范用感受到了春天的气息，觉得办杂志的条件成熟了，就着手筹办《读书》和《新华文摘》。好大的气魄！鱼与熊掌都要！他怕出版局审批有麻烦，只用一个刊号，把《新华月报》一分为二，分成文献版和文摘版。两年后文摘版才正式命名为《新华文摘》。

范用不是从象牙塔走出来的，他从小学毕业生成为全能的出版家，归功于在党领导下战斗在白区的三联书店这所社会大学的培养，当然也要靠他主观的努力。构成"三联"的生活、读书、新知三家出版机构，都是办杂志起家的。全国解放后人民出版社重建时，他就是期刊出版部主任。当时主要的杂志有七八家，但他只管印务和发行等，并不直接参与编辑工作。早在咸宁"五七干校"时，他和商务印书馆的陈翰伯、陈原等人闲聊中就谈过，一旦时机到来，相约要办一个《读书》杂志。

"四人帮"被粉碎以后，范用就请国家出版局局长陈翰伯出面，邀请于光远、夏衍、黎澍、戈宝权、

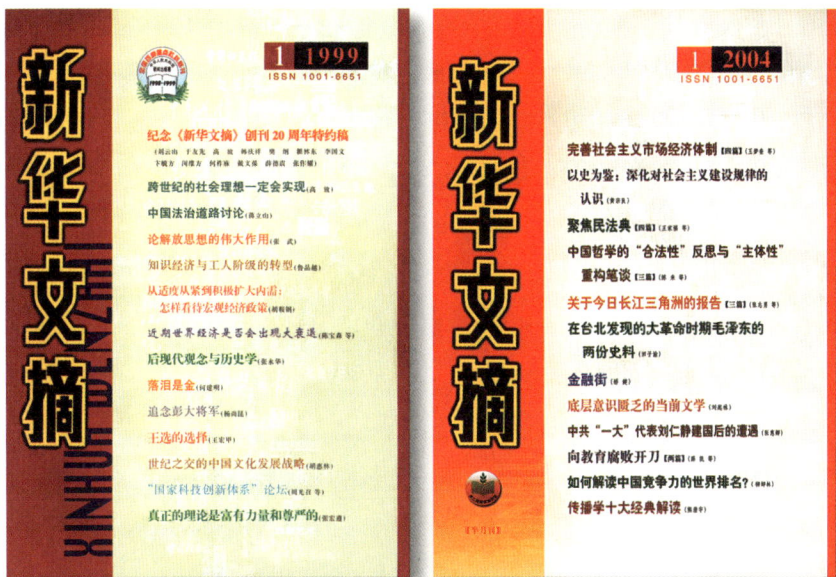

曾彦修、许力以、王子野、陈原等组成编委会，筹办《读书》杂志。后来由于召开这样的会很不容易，就改为办实事的小编委会，由陈原任主编，倪子明、冯亦代、史枚任副主编，陈、冯是客座，实际是史枚负责。范用作为创办人，代表出版社作为主管副总编当然也列入编委，并且每期稿件集齐后由他签字才发排，这项制度是社规，直到他离休为止。

值得一提的是《读书》初期就有三个"改正派"（右派改正），即史枚、冯亦代、丁聪三人，都是创办该杂志的功臣。史枚同志猝死在工作岗位上，据说临终时还在看稿；丁聪数十年如一日，负责版式设计和刊物的整体装帧，连小题花都是他画的。在《读书》初创时期，范用只从校对科抽调了一个专职干部，就是年轻有为的董秀玉同志。稍后又陆续调进了吴彬、贾宝兰等人。史枚同志去世后，才把资料室的头头沈昌文同志调入《读书》负责编辑部工作。这就是《读书》创刊初期的简史。

我没有在《读书》工作过，当时在与范用接触中略知一二，未必百分之百准确。

关于《新华文摘》，创办这个刊物也是他的夙愿。早在1962年，他

就唱独角戏编了一本《新华文萃》试刊号，只印了 100 本用来内部征求意见。在那个年代，这粒种子不可能破土发芽。后来创办《新华文摘》，从人员配备、分工，到栏目设置及每本定价 1 元，都是范用定的。《新华文摘》现已发展成为半月刊，是一棵参天大树了。但万变不离其宗，从它身上还可看到"范记作坊"的种种痕迹。当年跟范老板打拼艰苦创业的老人，存世的将会越来越少。我请大家记住一个数据，其中有四个是"改正派"，约占当年创刊初期总人数的 40% 左右。我现在还有点后怕，怕连累了他啊！

编辑《战斗在白区：读书出版社 1934—1948》

范用晚年还编了另一本大书——约 50 万字的文集，它就是由三联书店正式出版的《战斗在白区：读书出版社 1934—1948》。

改革开放初期，生活·读书·新知三联书店联谊会发起编写三个书店的历史。作为读书出版社的一分子，他被大家推举为这本书的编者。由于时间跨度大，许多当事人已经不在，工作难度不小，工作量很大，但他乐此不疲，精气神十足，把这本书编得又快又好，既是出版史料，也是艺术品与历史纪念品，只可惜印数较少，只印了 2000 册，圈外人都不大知道。

我现在抄录范用在《编者的话》中三小段如下：

这里面的每一篇文章都饱含着对读书出版社的深厚的感情。当年读书出版社的工作人员大多是年轻人，或者受过小学教育，或者上过几年中学。出版社在他们的心目中，既是熔炉，又是学校，可以在这里边工作边学习，锻炼成长。他们用朴实的文字，记录了在读书出版社的工作、生活和学习，他们的认识和感受，尤其是在敌人压迫之下始终不屈不挠坚持斗争；这就是读书出版社的战斗的经历。在这里，可以看到他们是怎样融合到读书出版社这个集体，怎样在战斗中走过来的，这就是读书出版社的战斗历程。

本书的编排分为三个部分：一、读书出版社工作人员和读书出版社朋友们的文章；二、回忆读书出版社创始人以及回忆黄洛峰等主要领导人的文章；三、一些资料性文字。书中尽可能插图——照片、书影、墨迹和史料。

读书出版社的工作不是少数几个人做的，而是集体劳动。这个集体，生气勃勃，同甘共苦。为此，尽可能搜集他们的照片印在书里。看到前辈、烈士和战友们的遗影，我觉得他们还活着，活在我的心里，与我同在，与我同行。

为朱希编写《八十自述》

朱希是谁？人民出版社的老人都认识管理样本库的朱辉，朱希就是朱辉的父亲。范用晚年耗费大量心血，为朱希编印了《八十自述》，内部分发"三联"同人和朱家亲属、朋友。编者特别注明"只供阅读，请勿发表"。我尊重编者的附言。

下面，仅从著名作家丛维熙所著《走向混沌》一书中摘录一些片断，以飨读者：

在大辛庄农场的几百名劳役人员中间，只有朱希是革命资格最老，对马列理论接触最早的人。他的行政级别为十三级，比长治市一把手的级别还高出一截。但就是这样一个老革命，却在大辛庄的"一打三反"运动中，被定性为反革命。他是我进劳改队以来，见到的一桩最大的奇特冤案，也是知识分子中，以忠诚叛逆忠诚的另一种的典型。

朱希 1916 年生于浙江镇海，1938 年于武汉入党。此前，他在

上海从事进步书店的管理工作，是一个博览群书、有着丰富学识的人。由于他的工作性质，在三十年代的上海，他接触到了大批的"左翼"文化人，成了一个很有见地的马克思主义者。1948年4月，党中央移师河北西柏坡后，陈伯达、于光远、毛岸英与朱希等几个人，也从石家庄到了西柏坡。他们在中央的指示下，筹划了进京后的宣传出版工作。北京和平解放后的1949年2月6日，朱希是随中央宣传部进入北京的。他先后出任国际书店经理和文化部出版局图书审读处处长。他可谓是从青年时代起，就积极投身革命，并为缔造中华人民共和国，付出过血与汗的人。

五十年代初期，他的工作一路风顺。在1957年"大鸣大放"期间……他觉得储安平是一个爱国的民主人士，何以就成了右派？朱希是个敢于进言的人，仅仅为储安平鸣不平，就够打成"右派"的了，更何况他本人对"反右"本身就持有异议，被划成"右派"当然是不奇怪的事情。

偏偏他又是一个十分认真的人。在知识分子噤若寒蝉、人人自危的年代，他就开始了与最高领导人的争辩——"文革"开始后，这个朱希虽然以"不安定因素"被收容进了天堂河强劳农场，他以一个革命者的气魄，依然不改初衷不断上书中央。他不仅对"反右"运动表示异议，对大跃进给中国带来的灾难，也是直言不讳。后来，他经茶淀转移到长治大辛庄，对"文革"中的种种有悖人道的行为，依然连连奋笔疾书。他上书的范围，不仅有与毛润之先生商讨的，还写下了有直接批判林彪"在一切工作中突出政治"的《七十年代纪事》一文——此时正逢"一打三反"严惩反革命分子的时期，朱希终于撞在枪口上了。

……朱希被戴上"恶攻"的现行反革命帽子，先是在农场里被斗得死去活来，那些劳改队中的积极分子们，先用力揪起朱希的头发，使其双脚离地；然后由五大三粗的汉子，没头没脸地抽打他的全身。直到打得朱希高声嚎叫，使在场的会议参加者心灵颤栗为止。打过之后，打手们用绳子从背后反吊其双手（在劳改队称之为"吊鸡爪"），狠狠地向上一勒，朱希又是一声惨叫，似乎他已经死了过去。然后，打手们把他往卡车上一扔，像是扔一头死猪似的。下一个节目，是警察押着他，在整个长治市游街。

多少年后，朱希在对我回叙当时的情景时，还感到毛骨悚然。他说："不知道那根绳子是怎么捆的，我只感到两只胳膊以及双手疼痛得失去了知觉，大汗珠子顿时从身体的每个部位流了下来。说是汗如雨下，没有什么过分，因为我的脚边，被汗水洇湿了一片。这么一吊，我的头立刻像葫芦一般垂了下来，我就是这样垂着头，乘着卡车穿过整个长治市的大街的。但是卡车没有拉我回来，而是把我拉到一个有大墙、电网和岗楼的大门里，我坐了牢。"

发生在以后的故事，不仅是我没有想到，连朱希自己也大吃一惊：当1979年中央为"右派"平反时，国家出版局在翻阅朱希的卷宗时，遇到了一个十分棘手的问题——卷宗中写的朱希是个死刑犯，是当时当地的公检法秘密判决的。只是还没有执行死刑，林彪叛逃的案件就发生了——朱希因此捡了一条命。使人不解的是，卷宗中却没有推翻死刑的任何文字材料。

公章大印皆在，让平反单位大为其难。他们先后三次往返长治，才拿回来一张写有"查系错捕，宣布无罪"的公文。所以朱希一直到了1979年的5月，才算是回归了干部队伍。

金无足赤，人无完人，但范用绝不是"坏蛋"。他是个好人，但不是你好、我好、他亦好的好好先生。他很斯文，爱憎分明，急了也会跺脚、瞪眼珠……这些，本来都很正常，符合一个人的性格。1989年2月1日，范用同志在办理离休手续时，给人民出版社留下了遗嘱，其中说："务请不要印发任何行述。我是一名普通工作人员，一生所作所为不足道，何况还说过不少错话，办了不少蠢事。生于今世，很难有人能够逃脱这种历史的嘲弄，绝非一篇行述清算得了。诿过饰非，不是实事求是的态度。"

目送飞鸿，渐行渐远。但范用留给世人的形象，却更加清晰，更加高大。实践出真知。他是从抗日战争的烽火中，从与国民党反动派的斗争中，由共产党领导在革命斗争的熔炉中冶炼出来的优秀人物。他是我的领导，我始终又把他看做是自己的师长、同志、朋友，真正是亦师亦友，是自己学习的榜样。哪怕只学到一点皮毛，也足以慰我平生。

2011 年 4 月

（作者为人民出版社原副社长兼副总编辑）

范用送给本文作者的照片

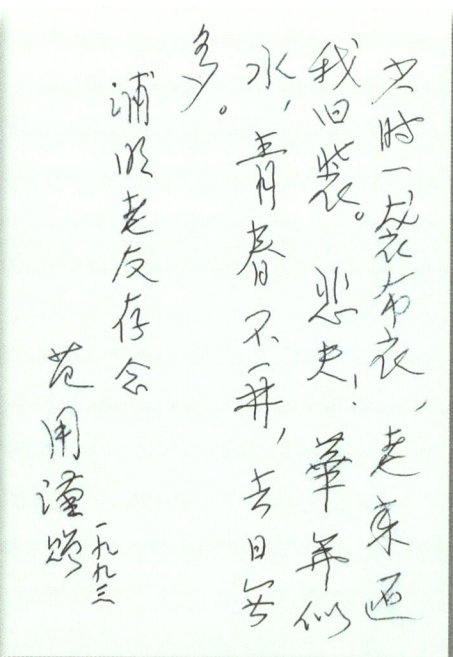

照片背面的题字

范用与《出版史料》杂志

● 吴 道 弘

　　1982 年在上海创办的《出版史料》杂志，在编辑出版十年以后停刊了，由此度过了"七年寂寞"（主编宋原放语）的时光，终于在 2001年得以在北京重新出版。为了做好在北京的复刊工作，我和陈子伶同志不约而同地想到要向范用同志求教请益。这不仅因为范用是我们两人在人民出版社的老领导，在编辑出版工作上，一直得到范公的教导，特别是他榜样的力量，身教胜于言教。改革开放初期，范用创办《新华文摘》，子伶更是在他直接领导下工作过。

　　我们相约一起到方庄范公的家中登门拜谒，亲自向他报告《出版史料》在北京筹备复刊工作的情况。那时范公的身体已经大不如前，明显地看出他在失去老伴丁仙宝大姐（一位性情和善，待人热情的三联老同志）以后，受到极大的打击。方庄芳古园一区十层高楼的寓所，是范公最后的家。黄苗子用行书在长形木片上题写的"范用"门额，别有情趣。我们按了门铃不久，范公亲自开门相迎，显然主人已在客厅里等候我们了。这里没有 50 年代范公住忠厚里宿舍那样逼仄，也不像北牌坊寓所大而失当，而是宽敞明亮，布局极好。客厅两边挂的是名家至友的墨宝，透出友情的温暖。这里是一方闹市中的净土。

　　我们知道，范公一辈子编书出书，"为人作嫁"，直到晚年才动笔写自己的回忆录，从《我爱穆源》、《泥土·脚印》到陆续写出的多篇出版回忆文章。为记述读书生活出版社的《一个战斗在白区的出版社》，就在宋原放、赵家璧主编的《出版史料》上发表过。在这次交谈时，他虽然没有讲这个杂志对发掘和保存出版史料有重要意义一类的话，但可以看出他对重新出版《出版史料》是高兴的。范公拿出两本厚厚的用牛皮纸自制的剪贴本，上面保存着剪报文章、友人信札，整整齐齐，显然这些都是文化和出版的宝贵的史料。还拿出一份他亲笔抄写的叶圣陶先生的书刊介绍文字，字迹工整，还在原稿上批了格式，一看便知是编辑行家。在谈到一些图书期刊时，他便随手从整洁的书柜里抽出来，记忆之清晰、动作之轻快，完全不像一位耄耋之年的老人。这次拜谒，特别感受到范公作为编辑大家，一生爱书、读书、惜书、藏书，在不经意中成为一位书刊收藏大家。

后来的事实也表明，范公是关心、爱护这个史料性刊物的。在《出版史料》重新出版之初，范公就积极支持，多次赐稿。2001年后，他在该刊上陆续发表过《读书生活社的创办》、《记筹备〈生活〉半月刊》、《孤岛上海出版的三部名著》、《新中国第一批期刊》、《竭诚为读者服务》，以及《记编印〈生活·读书·新知三联书店成立三十周年纪念集〉》等出版史文章。此外，范用还写有为何与出版结缘和有关的编辑出版经历，和《最初的梦》、《买书的梦》、《中央日报的〈资本论〉广告事件》，以及记述胡愈之、胡绳、黄洛峰、徐雪寒、巴金、戈宝权、范泉等的文章。这些文章已经分别收在他的两本《泥土·脚印》文集中，

是很宝贵的自传性文字和现代出版史的资料。

在这以后，渐渐感觉到范公的性格在变化，从活泼爽朗变得不愿多说话。知交半零落，更使他沉默起来。然而，在三联老同志联谊会上，我偶尔跟范公谈到《出版史料》上的个别文章时，他都能够发表看法，这使我又惊奇又高兴，显然，范公仍然关注着这本史料刊物。可惜，范公的身体确实一天天地在受到病魔的侵扰。

十分遗憾的是，《出版史料》2010 年第 1 期发表范公的五件藏信时，因为他正在病中住院，就没有跟他联系，至今感到万分后悔。编辑部失去了请范公讲讲向胡愈之约稿、请启功题写书名，以及茅盾的书法赠件和钱锺书、王元化分别对贺卡复信的有关情况的机会。现在只有作为编辑工作的经验教训来总结了。

自然，后来仍有类似的遗憾。改革开放初期，三联书店出版英国《泰晤士历史地图集》一事是中英合作出版的一个成功例子。范公亲躬其事，参与此书出版的全过程。《出版史料》2010 年第 2 期发表了陶蜀民《〈泰晤士历史地图集〉在中国的出版》时，尽管范公在病中，编辑部如果能够访问一下范公，听听他当时对此书的出版决策，可能还会提供若干原始的信息。

2010 年陆续得知范公的病况在发展，厌食、嗜睡、说话少，十分消瘦，住过几次医院等等，听了令人心痛。2010 年 7 月中旬，人民出版社的老同事陶膺同志电话告诉我，范公在协和医院住院，于是我们相约一起去探视他。怀着不安的心情走进协和医院的住院部，来到老楼的病房时，突然有一种冷落肃穆的气氛，见到闭目躺在病床上的范公，似睡非睡，正在打吊针，已是一个重病号了，完全失去往日的欢快神情，令人心碎。护士说，他没有睡着。我们轻轻地唤着"范用同志，我们来看你了"。范公睁眼望着我们，神情还很安详。问他还认识我们吗？范公一一唤出我们的名字。范公还清晰地问我："刊物还在搞吗？"我完全明白他问的是《出版史料》的编辑工作。我点点头，回答说"还在

编《出版史料》",他沉默着,似乎是很安慰的样子。我顺手送给他一份《出版发行研究》上介绍范公的文章剪报。范公很快用右手接过去,看了看(大概是看文章的标题和作者)就往自己枕头底下一塞,说:"是给我的吧!"这情景使我猛然想起了范公在平时习惯性的快节奏,他的思维和动作,似乎又使我有了些许安慰,尽管我们之间没有再就此事多说几句。万万没有想到,之后不到两个月,范公就在这张病床上怀着他对编辑出版事业的爱恋,怀着对亲人和师友的感念离世而去,永远地放弃了他一生不懈追求的文化出版事业而升天了。

"匆匆过客,终成归人。"我们听到了他真挚豁达的心声,感受到了他对亲人师友给予温暖的感激。这也体现了范用高尚的人品和情操。范公的一生,是为书籍的一生,他是真正热爱文化的出版人,对文化出版事业作出了巨大的贡献,将永载我国光彩的编辑出版史册,值得我们好好学习。

(作者为人民出版社原副总编辑)

我的良师益友

——深切怀念范用同志

● 杨 柏 如

2010 年 9 月 14 日下午，范用同志匆匆地走了，去了一个遥不可及的地方，与和他相濡以沫的夫人丁仙宝大姐和那些先行一步的知己书友、酒友们相会去了。而我，却痛失了一位可敬的良师益友。

在范用同志离开我们的一个星期前，9 月 7 日上午，我去协和医院探望他。在病榻前，看到眼前虚弱瘦小，双目紧闭，处于昏迷状态的范用同志，我顿时心里一酸，眼睛就湿润了。我俯下身子紧握他的手，连声呼唤："范用同志！"却毫不见反应。当时我真是后悔极了，后悔没有能早一点来探望，心头十分沉重。

大约半小时以后，他的女儿范又同志来了。她一见我在，便连声叫着："爸爸，看看是谁来看您了？"这时范用同志微睁双眼，看了看我，用极微弱的声音回答："杨柏如。"我十分激动，连声说了许多安慰他、愿他早日康复的话，可再也未见他有任何反应。于是，在情动之下，我对范又同志讲起了与她爸爸结缘的故事。

认真负责 锲而不舍

在我调进人民出版社之前，我与范用同志素不相识。进社之后，先

后听沈昌文、地图出版社的陈潮、肖德荣和沈静芷等同志相告（范用同志本人却从未在我面前提起过），方知他在受命筹建地图组，尤其在商调我的过程中所遇到的曲折和付出的努力。

20世纪70年代初，"文革"动乱中的出版园地一片荒芜。据说，那时我国有一个代表团出访某个小国家，带回的礼品竟是一套数十卷的《大百科全书》。这让当时密切关注着出版事业的周恩来总理十分焦急，他要求人民出版社迅速修订重版郭沫若著的《中国史稿》，以应国际文化交流之急需。当人民出版社历史编辑室吕异芳同志为此拜访郭老时，郭老非常高兴，并提出修订时要在书中插入准确、美观的地图。这才有了范用同志受命筹建人民出版社地图组的任务。

范用同志接受任务后，首先想到的是找好友华昌泗同志打听（因华与地图出版社许多职工同住干面胡同20号院宿舍）。地图出版社专家陈潮同志就向华推荐了当时下放在陕西权家河煤矿的我。接着，范用同志又去地图出版社求援。地图社副社长肖德荣同志接待时向他说明了地图社自身尚感制图力量不足，便向他提出两条建议：一是到石家庄汽车修配厂去商借（当时有一批制图人员在该厂当工人）；二是到陕西澄合矿区商调下放在煤矿的我。也许正因地图出版社先后有两人不约而同地推荐了我，才让范用同志对我有了较深的印象。

到石家庄商借人员很顺利，金应春、卢运祥等六位同志很快就到人民出版社报到并开始工作。而商调我的事却因出版社领导小组中有人质疑"为什么杨柏如夫妇都是制图人员，偏偏只下放杨一个人去煤矿呢"？大概出于对我政治上的不放心而搁下了。过了一段时间，范用同志出差去杭州，乘机去看望正含冤（所谓"假党员"）被贬在家的原三联书店老友沈静芷、戴琇虹夫妇（患难见真情，范用同志能在那扭曲人性的非常时期冒着政治风险去探望"有政治问题"的老友，其胸怀坦荡、珍友情结一直让我十分钦佩）。在与两位好友叙谈间，因沈是地图出版社原党委书记兼社长，所以当话题谈及地图出版社时，范用同志很自然地联想起了打听我的情况。当他得到沈十分肯定的回答之后，回京就立即向领导小组作了汇报，这才使商调我的事得以确定。

然而，在商调我的进程中很不顺利。当人民出版社发函到陕西澄合矿区后，矿区人事部尹主任（一位少将级军代表）借口"矿区就缺像老杨这样的政工干部"而拒调。张守臻军代表（权家河矿的第一把手）则多次为我说情，希望他同意放我回京技术归队。大概尹主任听烦了，就甩出了一句狠话："要调也行，让国务院办公室来调令。"调动一个普通编辑干部，居然提出这样苛刻的要求，分明是出难题嘛。可范用同志得知此情后，却仍未放弃，通过向出版局（时称"毛主席著作办公室"）汇报，出版局军代表又向国务院办公室汇报沟通，不久矿区果真收到了盖着国务院办公室大印的调令。

回顾调我的这番艰难曲折过程，如果没有范用同志认真执著、锲而不舍的精神，就没有我进人民出版社的机会。"文革"中国家测绘总局横遭撤销，万余名像我这样的专业干部四散在全国各地各个行业，我是回京技术归队的第一人，这也使当时我的同行们受到很大鼓舞，看到了希望。

范又同志听完这段故事后建议我把它写出来。为倾吐对范用同志的深切思念，这也正是我所想的。

真情关怀 信任有加

1972年11月某日，我从陕西回京后的第二天就到人民出版社报到，人事处的李廷真同志收下了介绍信之后便带我去见范用同志。走进他的办公室，范用同志就像见到熟悉的老朋友一样，从座椅上站起，热情地与我握手，连说："欢迎！欢迎！"当我俩在两张简易沙发上坐定后，他用兄长般的关切首先问我："在下边（指下放煤矿）几年了？老家还有没有亲人？要不要先休息几天回家乡看看？"一连串的问话就像一股暖

流注入我的心田。我当即表示不用休假，老家已无亲人，今天就是上班来的。于是他说："那好。你的第一项任务，就是代表人事处去石家庄把已借调来的六位同志正式调过来。这样我们的地图组就成立了。至于以后地图组的工作，除了要签字找我外，一切就由你全权处置。"见面一席话，范用同志的真情关怀和对我的信任有加，深深地感动了我。以后，在他的直接领导下，无论是开展地图业务还是作为他第一副社长的助手，与他一起共事不仅心情舒畅，而且在工作上得到他的许多指点。尤其是他热爱出版事业、不屈不挠的敬业精神和为人的真诚，更是我学习的榜样。

▌地图出版方向的掌舵人

范用同志既是人民出版社地图组的筹建者，也是人民出版社地图出版方向的掌舵人。对于我们这批调进人民出版社的制图人员来说，编制中国史稿地图和其他书刊插图的任务是明白的，至于进一步开展其他地图业务的方向，则是在范用同志引领下，让我们逐步明确的。

在我们来社的第二年，范用同志就亲自找来《俄国历史地图集》（［英］马丁·吉尔勃特）原著，请林穗芳同志节译后交给我们绘制。1974年该图集中文本出版时，他还亲自设计封面，由美术编辑王师顿同志绘制完成。

1979年和1981年，范用同志又支持和直接领导了《钱伯斯世界历史地图》和颇获史学界、出版界好评的大型《泰晤士世界历史地图集》的译制出版。这让我们明白了人民出版社出版地图具有的特色，应该考虑怎样使地图学与社会学相结合。历史地图，就是历史学和地图学相结合的产物。地图编辑室编审刘寅年同志由此得到启发，遂提议邀请国内著名世界史学者吴于廑先生，主编出版了我国制图史上第一部中型本世界历史地图集——《大学世界历史地图——从地图看世界历史行程》。

该图集出版后，被教育部指定为大学教材，深受大学师生的欢迎，至今仍为国内编制世界地图的范本。

1997 年，地图编辑室为迎接香港回归祖国，又编制出版了《近代中国百年国耻地图》，在社会上也获得了较好的反响。

人民出版社出版的上述这些地图品种，在其他地图出版单位均未涉及。它们不仅给我国的地图百花园增添了一道小小的风景，同时也获得了较好的社会效益和一定的经济效益。这些首先应归功于范用同志。

勇于负责 果断决策 讲究效率

范用同志一贯奉行勇于负责、果断决策、讲究效率的工作作风，为我们作出了良好的表率。

1981 年夏的一个下午，时任国家出版局局长的陈翰伯同志电话约我去他的办公室，给我看了一本英文版大型《泰晤士世界历史地图集》（以下简称《泰图》）后说："这本图集已有七种文字版本，颇有价值，

我们有没有条件译制出版？"我翻阅后肯定地回答："只要能得到英文原版的拷贝底片，就没有问题。"两天之后，范用同志把邓蜀生同志和我叫到他办公室，指着办公桌上的英文版《泰图》说："这是翰伯同志交下的任务，要求在 9 个月内译制出版，为此社里把任务交给了我们仨。此图从对外协作、谈判、翻译、制作到出版的整个过程中的所有问题，都由我们三人研究解决，不扯皮、不推诿。老邓任责任编辑，负责英文翻译、定稿，老杨负责

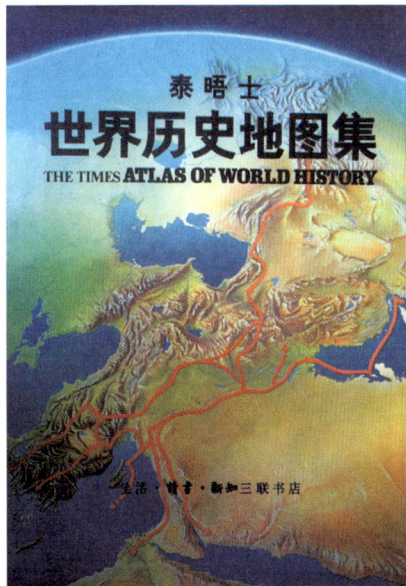

合作谈判、地图制作和印刷监制。"然后他问我们有什么困难。由于地图译制工作量很大，且这一部分工作限定要在 3 个月内完成，我提出要组织社外的制图力量，需支付 1000 元的稿费，范用同志当场就拍板决定了。

在紧张的译制过程中，一天，我接到已平反复职的地图出版社社长沈静芷同志的电话，出于对范用同志和我的关心，他说外版地图中的国界线和政治问题很多，希望我们慎重考虑，最好不做。当我将沈社长的意思转告范用同志时，他毫不迟疑地说："我们在出版前言中加以说明就是了。"于是，我又建议在图集中另附一幅表明译者立场的 8 开《中华人民共和国地图》。他说："这就更好了。"

《泰图》译制工作紧张有序，进展顺利，于 1982 年 4 月如期出版。在该图出版的新闻发布会上，《泰图》英文原版编辑部主任赞称："中文版《泰图》是目前已出版的 8 种版本中印得最漂亮的。"并要求去印制该图的上海中华印刷厂参观访问（后由李秀珍同志和我一起陪同前往）；我国地图界的权威、编纂《申报》地图的老专家、时任测绘研究所副所长的曾世英先生对此给予了高度评价："在这样短的时间内出版这样一部巨著是个奇迹。"曾老还邀请邓蜀生、刘寅年同志和我到测绘研究所介绍怎样"快出图"的经验。而我们能讲的体会，也就是范用同志上述果断的领导作风。

以身作则　循循善诱

1983 年 2 月，组织上把我从地图岗位调到行政岗位上。在曾彦修社长、张惠卿总编辑和第一副社长范用同志的领导下工作，使我与范用同志有了更多的接触机会。开始时由于我对行政工作生疏，感到很不适应，范用同志总是循循善诱，给了我许多指导和帮助。首先，在分工方面，他有意培养我做图书出版管理业务，并鼓励我用管理地图出版的经验为缩短图书出版周期做出成效。他亲自拟订有关规则，手把手地教我如何执行，而他自己却不顾年迈体弱，去分管基建、总务等繁琐工作。刚开始，我在他的指导下，依仗陶膺、商磊、诸宝懋、寇天德、施茂仙等同志的具体帮助，工作了一段时间，但收效甚微。我深知自己难当此任，怕影响图书出版工作，更不忍心范用同志被行政琐事缠身，于是说服他调整了分工。在我分管行政之后，范用同志要求我关心职工生活，改进食堂供应，还亲自指点食堂工作人员备这做那；为了协调好与同楼办公的人民文学出版社的关系，他带我去拜访文学出版社的王业康社长，共同商定了两社总务处定期相互沟通的机制。通过两社总务部门的认真执行，出现了两社和谐相处、互谅互让的良好氛围。

类似上述范用同志对我的指导和帮助不胜枚举。显然我不是个好学生，尤其在出版管理方面我让他失望了。但他却是个以身作则、循循善诱的好老师，让我终身铭记和感激。

1985年12月范用同志离休。对一辈子"视书如命"的他来说，离而不休是很自然的事。他仍经常来办公室工作、会友，我也同样去他那里请教、谈心。范用同志是个性情中人，是在朋友面前敞开心扉的人，有一次他和我谈起"有一位关系致密的同事，不知何故现在见了面连招呼都不打了"。说时见他神情痛苦，双眼噙泪，而我却无言以慰；谈到有些同志说他"喜欢重用某某人"、"凭兴趣办事"等等，他也毫不掩饰自己不能苟同的观点。范用同志就是这样一位爱事业、重友情、心地纯真、胸襟坦荡的人。我十分庆幸在人到中年（43岁）时，因结缘范用同志而有机会与人民出版社诸多资深编辑、知名出版家共事，这对我后半生的学习和工作都产生了重大影响。

范用同志走了。不，他没有走！他的音容笑貌、举手投足，均历历在目。我尊敬的良师益友——范用同志永远在我心中。

（作者为人民出版社原副社长）

范用和《新华月报》之缘

● 张 小 平

范用先生走了，走的那天上午我陪同老领导、人民出版社原总编辑张惠卿去北京协和医院探望他时，他已深度昏迷，消瘦的脸上仍保持着一丝坚毅。这是一位为出版工作忙碌、奋斗了一辈子的出版家，为出版事业殚精竭虑、矢志不渝。怎奈回天无力，我们也只能默默地祈祷。

本文作者与范用（摄于范用家中客厅）

1982 年 9 月，我与其他四位同志，作为"文革"后恢复全国统一命题考试的首届大学本科毕业生，被分配到人民出版社工作。我在校对科实习数月后被分到《新华月报》杂志当编辑。范用先生当时作为社领导分管《新华月报》、《新华文摘》等部门。我所在的办公室紧挨范用先生的小办公室，他那里高朋不断，时而有浓香的咖啡味伴随他爽朗的话语音飘然而来。常常是到了下班时间，他还在办公室忙碌。他一个人时，会哼几句小调或吹几声口哨，也会过来和我聊两言京剧或周信芳。因我那时住集体宿舍，大部分时间也待在办公室。后来范用先生离休了。再后来我搬进他的办公室办公，他坐了多年的老藤椅我仍当作办公椅子坐用，直到几年后藤椅坐破了，我换了把木椅子，但依旧把老藤椅留放在办公桌旁。电视片《大家》拍的"故地重游"那一小段，就是我陪同他到当年的办公室，坐在老藤椅上畅说《新华月报》创刊号的镜头。那年范用先生已八十高龄，可精气神仍十足，拄着拐杖一鼓作气登上人民出版社办公楼五层，直往他坐了几十年的老办公室走去。一进门，这个显得逼仄的旧地勾起了老人对往日的情愫。我赶紧搬出他坐过多年的藤椅请他坐下，拿出他当年使用的竹壳热水瓶给他看，他高兴地说："啊，这还在呀！成文物啦！"他双手摸着已显枯旧的藤椅扶手，睹物思景，娓娓道来："这是我当年的办公室啊，我在这儿待了很多年，回家的感觉真好！我当年管《新华月报》，后来又办了《新华文摘》。"他指着《新华月报》创刊号，对在场的我们这些后辈说："《新华月报》1949年办的，我给《新华月报》画版式，我在创刊号封面上印上政治协商会议刚通过的五星红旗，可显示这是新中国的杂志。当时没有国旗法，我这样做没有什么不妥，当然现在不可以，因为现在有国旗法，国旗用法有规定……"。我们就像听讲故事般地聆听范用先生的精彩回忆。临走时，老人仍兴高采烈地喃言："旧地重游，旧地重游！"

范用先生在 20 世纪五六十年代任人民出版社副社长、副总编时，就已分管《新华月报》杂志。《新华月报》于 1949 年 11 月，由时任国

家出版总署首任署长的胡愈之先生创办。胡愈之先生 1937 年 1 月在上海参加创办了一份名为《月报》的综合性杂志，社长是夏丏尊，胡愈之为主编，编者还有孙怀仁、胡仲持、邵宗汉、叶圣陶等，由开明书店出版。这份进步杂志因抗日战争爆发只出了 7 期就停刊了，也因此在胡愈之心中留下了一个心结。1949 年下半年，在中华人民共和国成立之际，胡愈之在一些同仁建议下，决定创办一份类似他 30 年代在上海办的《月报》的新刊物。他把刊物定名为"新华月报"，并在亲自撰写的"代发刊词"中提出刊物以"记录新中国人民的历史"为主要任务。20 世纪 30 年代的《月报》的这段短暂的史事，也给范用先生留存下了一种特别的情缘。他曾说："还在上小学的时候，1937 年，我在学校图书馆借到一本杂志，上海开明书店出版的《月报》，厚厚的一大本，将近五百页。这本杂志扩大了我的眼界。杂志里有政治栏、经济栏、社会栏、学术栏、文艺栏，读书俱乐部，'最后之页'是'读报札记'，摘编一些有趣的文字。我最感兴趣的是'漫画的一月'，每期六面，选有十几幅中外漫画。"所以，当他得知胡愈之先生创办《新华月报》时，感到非常高兴。他说，1949 年开国那年，在北京参加全国新华书店工作会议时，见到了胡愈之先生，真是"非常幸运"！

《新华月报》在 20 世纪 50 年代作为一份权威的主流时政刊物，曾月发行十来万份。这份刊物凸显了它的政治文献特点，但随着时代发展，它已不能充分满足人们对社会文化发展的需要。于是在 20 世纪 60 年代初，范用先生萌发了在《新华月报》基础上再办一份文化学术性文摘期刊的念头。范用先生后来回忆说，当时读者对《新华月报》提出不同需求的意见，有的是偏重于资料性，供查考用；有的是为了阅读文章，听说周总理常常查用《新华月报》，有时出国还带着，不过只带扯下来的资料部分，有一次查不到某一资料还叫人打电话到《新华月报》社来问。范用先生想办的《文萃》，正是要把从资料文献堆里分离出来的阅读性文章荟萃于一体，以满足不同读者的需要。他找来助手，自己

编辑内容，设立了政治、经济、学术、文艺、美术、作品、读书与出版、学术论文摘要等栏目，并自己设计封面版式。《文萃》试刊号只印了100本，后因未得上级同意，新刊未能办成。"文革"开始，《新华月报》被迫停刊。四年后，在周恩来总理的过问和指令下，《新华月报》复刊，因刊物的编辑人员全被下放，于是交由新华社编辑，由人民出版社出版。1978年，"文革"结束后的出版业勃发生机，此时离开《新华月报》多年并已官复原职的范用，指派庄浦明和张仲恢两同志去新华社，把"寄养"了8年的《新华月报》接了回来，由人民出版社自己编辑。接回"娘家"后的《新华月报》仍由范用先生分管，在他指导下，编选内容作了不少改进和充实，扩展择用了一批颇具文化价值的理论学术文章，此举很受读者欢迎。但明显感觉原有的篇幅所载内容已不能满足读者日益增长的文化需求，一些好稿子没篇幅登载。范用先生旧念重发，决定《新华月报》一刊两版，于1979年开始分出文献版和文摘版。文献版主唱政治文献的重头戏；文摘版摘选已发表的理论学术和文学科

技等方面的一流作品。两年后即 1981 年,《新华月报》文摘版改为《新华文摘》杂志单独出版。《新华文摘》的诞生是范用先生大手笔的一大创作,在当时它如一抹春露氤氲着期盼滋润的文化学术园地。范用先生精心培育,使《新华文摘》在当时就显现出集一流文化学术作品之大成的风格。

我本人在《新华月报》从一名普通编辑做起,到担任刊物的副主编、执行主编、总编辑,直至我在人民出版社副总编辑岗位上主管这份刊物,整整与之结缘近 30 年,其间参与编辑和主编了三百六七十期《新华月报》,经历了杂志的改刊改版,尝足了个中的酸甜苦辣。我始终努力践行着胡愈老当年提出的"记录新中国人民的历史"的使命,始终努力学习着老领导范用先生的真诚、坦荡、勤奋、无私的高贵品格。老一代出版家给《新华月报》留下的宝贵的精神财富永存!

2011 年 2 月

(作者为人民出版社原副总编辑)

范 用 三 面

● 辛 广 伟

范用先生长我四十岁，我无缘与他同事，不过他的大名我在 1990 年代初就知道了。所以记住他，是因为有人提醒我《随想录》是他编的，《读书》杂志也是他创办的。这让我肃然起敬。之后，凡有关先生的话题，我就会留意；凡有关先生的事我就会关注。在我还不曾见过他时，已在报刊上见过画他的肖像漫画了。

1994 年我回到新闻出版署版权司工作后，遇到了两个在我心里有些特别的同事，一个是坐在我办公桌对面的刘波林，他是绿原的儿子；另一个是许超，他是许觉民的儿子，也是范用的女婿。我和他俩都非常谈得来。于是，从许超那里，我就多了一个关于范用事迹的特殊来源。范用的习惯、性格、待人接物，经过许超的描述，在我脑海里更加立体与鲜活起来。我印象特别深的是范用的坚持与倔强。不仅范用，还包括他的那些名士朋友，如汪曾祺、丁聪、杨宪益、黄永玉、叶浅予等。王世襄冬天怀里还揣着蝈蝈笼我就是从许超那里知道的。于是，我印象中的范用除了出版家，还多了一个竹林七贤的影子。

大概是 1996 年前后，一天快到中午时，我到东四十字路口的老字号瑞珍厚吃饭。一进门，就看到一楼一个大圆桌旁静静地坐着一位长者。他头戴一顶贝雷帽，昂着头，扬着下颏，刚毅的脸上架着副黑框眼镜，神情矍铄，双目炯炯，两只胳膊并放在桌上，目光始终凝望着窗

外。这派头这神情，我突然眼睛一亮，这不会是范用吧！我后来向许超求证，果然是范用那天在此请客。这是我第一次见到范用。

时光荏苒，2009 年我被派到人民出版社工作。2010 年春节前，社领导要分别慰问部分老同志，分配给我的名单中有范用。我这才知道，范用是从人民出版社离休的。我非常兴奋，马上请老干部处尽早安排。在李正平副处长陪同下，我来到了位于方庄的范用先生的家。见到先生，十几年前的那一面得到了亲自印证。不过，此时的范用已风采不再。他只能躺在床上，身体异常虚弱且消瘦，不停地咳嗽；思维迟钝，说话极其吃力，听力也非常差。唯有脸的轮廓与神情还隐约显示着他性格中的坚毅。我紧紧拉着他的手，向他表示问候。他只是对我点了点头。接下来，我竟不知该说些什么。这是我第二次见到先生。

2010 年 9 月 14 日上午，我正要从单位去署里开会，李正平同志突然推门进来，告我范用病危。我立即先赶往协和医院。同行的还有张惠卿、张小平两位老领导及分管老干部工作的陈有和同志。来到住院楼二楼的一间病房，顺着开着的门望去，十平米多长方形的房间里共放了三张床。里面两张挨着窗户，另一张紧挨着门。挨门这一张，床头竖着接地的氧气瓶，床上一位瘦得皮包骨的老人，鼻子里插着管子，双眼紧闭，处在昏迷中。这正是范用。看到此，我鼻子一酸……我脑子里回想起了当年宗白华先生住院与辞世时的相关报道，宗先生当年患病也住在一个非常狭窄拥挤的病房里。

在我探视范用的那天傍晚，先生走了。这就是我与先生的三面之缘。

虽谈不上与先生相识，但这焉能影响先生在我心中的分量。春风化雨，润物无声。先生作为一位杰出的出版家，其为书籍的一生，其高尚的品德与风范，当令所有出版人仰止。而作为有幸在先生曾经为之奉献的岗位上工作的我，更应时刻以先生为榜样，像他那样爱书，像他那样执业，像他那样做人。

（作者为人民出版社代总编辑）

我编《叶雨书衣》

● 汪 家 明

　　范用先生有个习惯，凡他喜欢的书，总是自己动手设计封面，或提出明确的意见（比如画出铅笔草图），交给美编制作。而这样印出来的封面，他都会留下一份整张的、未裁切的大样，贴在硬纸板上保存。久而久之，就有了一大摞（几十种）。

本文作者和女儿与范用合影

其实范用从 1938 年在汉口进入读书生活出版社做练习生时，就开始设计封面了。他那时只有 15 岁，经常被派去艺术家那里"跑"封面。有时候要得急，艺术家就当着他的面赶画，他看得津津有味，回去就偷偷学着画起来——他从小喜爱美术，有点功底。一次，读书生活出版社的黄洛峰经理看到了，随口称赞几句，这给了他极大的鼓励。以后有的封面就叫他设计。他设计的第一个封面是《抗战小学教育》。在汉口，读书生活出版社的对面是开明书店，丰子恺住在开明书店楼上。范用设计了封面，有时去请丰先生指点，还请丰先生写过封面字。

1948 年范用在上海，三联书店的二线单位骆驼书店出版一批外国文学名著，许多封面都由他设计（那时书店人员极少，其实连编辑校对工作他也做了不少）。雨果《巴黎圣母院》的封面字，是请黄炎培先生题写的；高尔斯华绥《有产者》的封面字是从碑帖中集的。《巴黎圣母院》的 43 幅插图，是请当时国民政府驻法国大使馆的朋友买的一本画册的复制品（后来这本画册被译者陈敬容拿去了）。1949 年 8 月，范用奉调到北京工作。1951 年三联书店并入刚成立的人民出版社，在社内保留一个编辑部，由他分管。他同时分管人民出版社的美术组。美编设计了封面，都要经他审批才能发稿。有时不满意，反复几次通不过，书等着印，于是他就亲自动手设计。

20 世纪 80 年代，三联书店大量出版人文社科类图书，在全国造成深远影响。这也是范用设计封面最多的年代。他那富有书卷气、简洁朴素、高雅大方、巧妙多变、极有个性的设计风格同样影响深远。

1981 年，在范用的主持下，出版了杨绛的《干校六记》，书中记述了她和钱锺书在"五七干校"的生活。第 1 版的封面请丁聪设计，彩色的，几株大树，几座小房子。再版时，范用重新设计。他那时收藏了一本苏联的花草图案集，从里面选了一幅随风摇摆的小草图案，放在一个两色叠压的方框里，简洁、纤巧，但不轻浮。

从 1984 年起，三联书店开始将《读书》杂志上发表的专栏文章，辑成"读书文丛"出版。范用交代美术编辑宁成春设计一个丛书标志，可是"连画了几个方案都没通过，直到画成他提示的'一位裸体少女伴随小鸟的叫声在草地上坐着看书'才让他满意"——许多年后，宁成春曾这样回忆。这套书的封面主要用作者的手迹装饰，但有意识地把手迹断开，有的横着斜排，有的竖着斜排；横斜的像风，竖斜的像雨。"下面是少女读书的标志。一动一静，处理得十分大胆、新颖"。用作者的手迹装饰封面甚至扉页，也是范用常用的手法。他自己最满意的巴金先生《随想录》的设计也是这样：满版烫银的作者手迹，压在浅黄色的底子上，同样是作者手书的"随想录"三个大字，则用灰蓝色印在封面的右上方。黄地儿、银色手迹和灰蓝色的书名形成三个色调、三个层次，简而不单，朴素中见出高贵。巴金先生特意写信称赞："真是第一流的装帧！"

1988 年，范用编了三本叶灵凤的《读书随笔》。书出版时，叶灵凤已经去世 13 年了。范用在香港时见过叶灵凤，大家都骂叶是汉奸文人，因为日本人占领香港时，他没离开，还在报上发表有关文艺知识的小文章。范用看了那些文字，很喜欢。他认为，叶不是汉奸文人，而只是个文人。文人要吃饭，只好写文章。这三本书的原始资料，是叶灵凤的夫人交给范用的报纸剪报，上面有叶灵凤修改的地方。范用亲自设计封面，一本用绛红色，一本用灰蓝色，一本用米黄色，主图都是比亚兹莱的画，因为叶灵凤喜欢比亚兹莱。

范用设计封面，一是讲究书的内容与设计的关系，二是讲究趣味和情调。姜德明选编了一本《北京乎——现代作家笔下的北京：1919 ～ 1949》，从题目就可以感觉到怀旧的味道。于是，范用请启功题写书名，请邵宇画封面画，请曹辛之刻两枚图章印在封面上；内文竖排，每篇的篇头留很大空白；扉页、目录页和序言加红色框——像老式的信笺。这件唯美的设计足可展现范用作为一位图书装帧设计家的个性和风采。

2002 年底，我调到三联书店工作，去拜访范先生时，他给我看他保留的封面大样：一摞 4 开大的纸板上整整齐齐贴着一件件封面设计作品。一边看他一边讲这些书的往事。开首的一页，用蓝色和红色铅笔写着："叶雨书衣——自选集"。"叶雨"是他的笔名，业余之谓也。硕大的字，潇洒有力的笔画，透露出他的愉悦和珍爱。数日后，他约我去家里，交给我一本 24 开、白纸装订的本子，是《叶雨书衣》的设计稿。设计稿已用铅笔画好了版式，一共 70 多页。文字有一篇"自序"；一篇前些年发表在《北京青年报》的文章《减法的艺术》（署名晓岚）；还有一篇，竟然是我前几年写的《2001 外国封面设计 226 帧》序言的选摘，其中谈到范用的设计艺术。我斟酌再三，提出请求：一，请范先生针对每一个封面写篇短文，讲一下设计时的想法；二，不仅仅收入封面设计，也选一些扉页和内文版式设计，以便看出整体设计思想（这本是范用设计的特点）；三，由我来查找资料，简介每本书的内容，让读者更好地理解这些设计。可是范先生对我的请求不置可否，他已经八十高龄，也不大有精力来配合我的工作。后来我跟范先生约定，只要有时间就去他家，和他聊这些封面，录下音来，回去整理后再交他修改。他笑笑，算是同意了。没想到这件工作断断续续进行了 4 年，直到 2006 年夏天才告一段落。其间，我曾向宁成春咨询，为什么一些书中设计者的署名不是"叶雨"，而是其他人，是否会有版权问题？宁先生告诉我，那时范用是社领导，封面设计要经他签发，他不能自己签发自己的稿件，所以他从不署名，谁帮着制作，就署谁的名，直到他离休以后设计的封面，才开始署"叶雨"。其间，我收到范先生的信，告诉我某个封面他记不起是否他设计的了，不要收入，以免误会……

书编好以后，我请宁成春写了一篇文章《对我影响最大的一位长者》，宁先生又请老一辈装帧设计家张慈中写了一篇《爱书、爱封面设计的痴情人——范用》，作为附录收在书中。《叶雨书衣》的整体设计，请陆智昌担当。陆先生是香港设计师，来北京十多年了，他简约的艺术风格影响了当今图书装帧设计的走向。我觉得他在某些方面和范先生投缘，虽然他们没有来往。果然，陆先生痛快地接手设计，而且不止一次告诉我，他喜欢范用这些设计作品，"每一幅都有创造性，都是新鲜的"。他认为，范用设计时更重视图书的内容，但又不是与内容亦步亦趋，他的设计与内容之间有一种"抽象的默契"。正因为范用不是专业设计师，所以他的构思更大胆，更具冲击力。

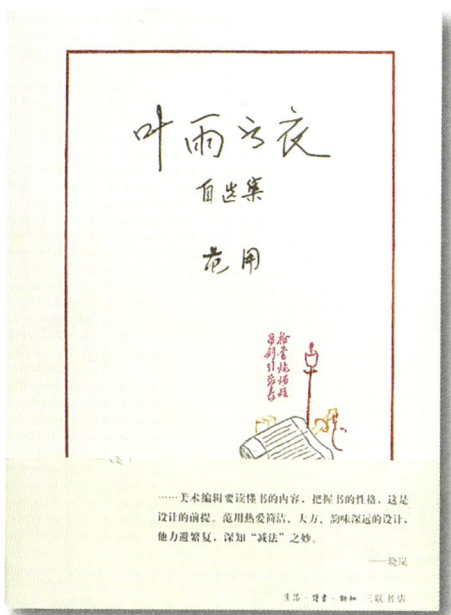

——美术编辑要读懂书的内容，把握书的性格，这是设计的前提。范用热爱简洁、大方、韵味深远的设计，他力避繁复，深知"减法"之妙。
——致陆

生活·读书·新知 三联书店

陆智昌对我给他的图像资料很不满意，亲自找了咖啡色的衬纸，选择各角度的灯光和色调，将每本书重新拍照，重点强调其书卷气和厚重感。整本《叶雨书衣》的基调也是如此，朴素、疏朗，极力展示作品的魅力。或者说，《叶雨书衣》不仅展示范用的图书设计，也在展示范用主持编辑出版的一批影响巨大的好书。可是到设计这本书的封面时，陆智昌似乎被难住了，做了许多方案，都不满意。出书日期一拖再拖，后来他灵机一动，采用书中范先生自己的一件作品：曹聚仁《书林新话》的封面，稍加改动。《书林新话》是关于书的书，《叶雨书衣》也是关于书的书。封面画是一卷书、一柄剑、一只燃着烛的烛台和一只杯子，左上有题字曰：检书烧烛短，看剑引杯长，是杜甫的句子。这幅画包含了文、武、酒、夜，隐含着陆智昌对范用出版生涯的理解和尊重。

《叶雨书衣》是范先生70多年编辑出版生涯中的最后一本书。

（作者为三联书店副总经理、副总编辑）

追求完美出版的一生

● 董秀玉

本文作者与范用

至情至性的范公，忽然就这样走了。我怎么也觉着不真实。

好像就在几年前，我们送去那艳艳的八十朵玫瑰，他美美地笑着，大家没大没小嘻嘻哈哈吵吵嚷嚷地恭喜他，他挥着手急急地站起来大声说："放心放心，医生给我全身检查了，除了气管炎，我所有器官都没一点毛病！"

真是那样，之后他照样背着个布书包挂着拐杖来来去去；他还是看到好书就喜笑颜开，向你推荐，主动借你阅读，可逾期不还，照样围追堵截地催逼，甚至在布告栏通报；他这个年龄最小的老人依然每月一次联络着老三联的友人聚会聊天吃饭；他还会常常拿着个小本本出来，证明他得了稿费，要请客付账。

对于多家出版社请他写回忆录的邀约，他总说不忙不忙。但是却连续不断地、每年一本两本地编着他热爱的书：《爱看书的广告》、《买书琐记》、《文人饮食谭》、《凭画识人》、《叶雨书衣》……生病之前，还带我看他几十年来收藏的插图、漫画、照片、作家们给他的来信，整整齐齐的几大纸箱。他正一封封端端正正地在抄那些手书信函，巴金、夏衍、冰心、聂绀弩、叶圣陶、李一氓……准备着下一本要编的书。我说那太费劲，帮你拿去扫描，他不要；我说那我借个扫描仪到家来做，他也不要。他摇着头，手轻抚着那些信，眼中透出深深的眷恋。我读懂了，抄一遍，又是重温一次跟老朋友们的对话，这历史，这情感，是任何人和机器都不可替代的。至于回忆录，直到最后，也只写下了1949年之前，汉口、重庆、桂林、上海时期的部分提纲。他心中最放不下的还是那些作者朋友、那些他爱的书。

直到两年前他病倒在床，他还告诉我们，没事，只是气管炎犯了。在床上一面喘着喷着药，一面还看着书，也常常惦着朋友们，跟我说了几次，要我陪他去看看西城的丁聪，听我们说起丁聪住院了，又好了，可以吃饭说话了，又不太好了……他又是高兴又是担心和感慨。

眼看着他床边的书越堆越多，腿骨越来越细，我们不由地担心起来，可他还是说没事，现在只是没力气，身上器官都是没病的。说着想着的都是他那本正编的书信集，"配不配影印的手稿、写不写背景资料，照片肯定要的，那两册恐怕就放不下，太多了，几十年了啊……"

范用先生自15岁进入汉口读书生活出版社，至今已73年，在那漫长的战争年代，白区的艰险岁月，以后一个接一个的运动，及改革开放的新时期中，无论何种境遇，他都坚守并始终热爱着出版事业，跨越四分之三个世纪，从一而终，无怨无悔。

作为一个出版家，他一生追求出好书，有出好书的眼光、品位和自觉，更有着出好书的胸怀、勇气和担当。

1963年，范先生出版了他最钟爱的俄国著名出版家绥青的回忆录《为书籍的一生》。他从选题、找译者、联系加附录插图、封面设计到定书名，一手包办。中心就是"为书籍的一生"。之后，又出版了中国老编辑家赵家璧先生回忆上世纪30年代出版生涯的著作《编辑忆旧》，也是他自己的选题和设计，用了一幅"播种者"的红色线描图。范先生

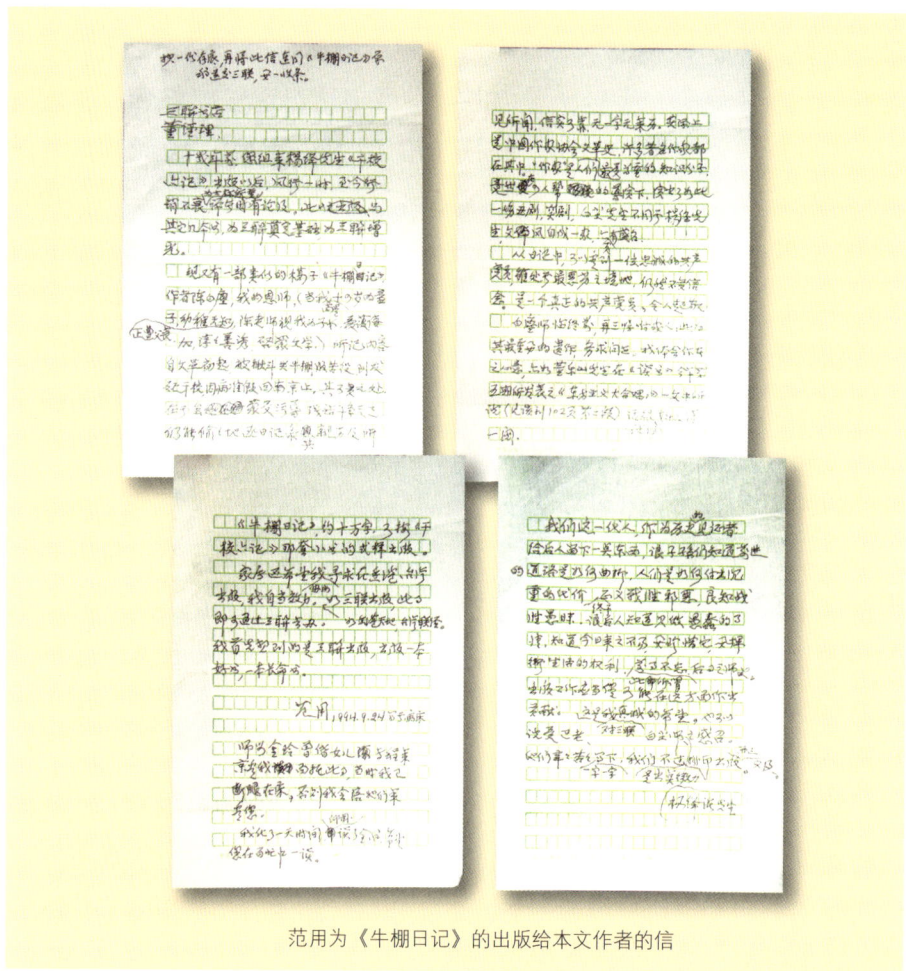

范用为《牛棚日记》的出版给本文作者的信

以此明志，追求播种真理、传承文明、完美出版的一生。

仅仅在上世纪80年代，范用先生出版的《西行漫记》、《干校六记》、《傅雷家书》、《青铜时代》、《文化地理》、《随想录》……已经过了几代人的阅读。

由他开创的《读书文丛》、《文化生活译丛》、《经典常谈》、《语文常谈》等大家小书系列，《书林漫步》类的"书话"系列，研究学者治学精神和方法的"学记"系列，《牛棚日记》类的纪实系列，《我的一个世纪》类的传记系列，还有柯灵、聂绀弩等等的杂文系列……延续出版至今，影响深远。

还有他创办的《新华文摘》和《读书》杂志，等等等等，一路走来艰辛坎坷，但都长留后世。

出版物的品位是一个出版社的文化精神和品牌的标志，更鲜明地代表了范先生作为一个出版人的理想、追求和思想境界。

范用先生真的走了，他走过了为书籍的一生，一个文人化的出版时代也随之完全过去。

范先生不善言辞，但他快乐开朗，是个扎扎实实勇往直前的行动派。他做的全部事业，他对文化的坚守与坚持，对出版的执著与认真，他的人品与思想，他生活中的一点一滴，都让我们看着、感受着和学习着。他让我们懂得，怎样才是一个真正的编辑、一个合格的出版人。

范先生倔强、固执，有时还有点怪脾气，但他真实、真诚、至情至性，为书籍无求无悔奉献一生，对读者作者亲切细致全心全意。他是一个难得的纯粹的出版人。

范用先生是三联书店的文化灵魂，书、朋友是他美丽的生命花园，他将会永远活在他的幸福花园中。

（作者为三联书店原总经理）

出版人的楷模和榜样

● 王　涛

　　范用先生是我国当代最杰出的出版家之一，是无数后辈出版人的楷模和榜样，他的业绩有口皆碑，他的品格被人称道，他的一生留下了丰富的精神遗产，也给我们留下了许多珍贵的回忆和无尽的思念。

　　范用先生作为杰出的出版家，首先是一位编辑家，在他一生编辑生涯中，策划编辑出版了无数高质量的优秀图书，其中包括《随想录》、《牛棚日记》、《傅雷家书》等，在读者中影响深远的思想文化读物，不仅形成了他个人鲜明的编辑风格，而且对人民出版社和三联书店的品牌建设发挥了不可替代的作用。对三联书店来说，范用先生是将韬奋精神继往开来、发扬光大的领导人，后辈的三联人是从他的所作所为，他的言传身教中具体而细微地感知和认识三联传统的。他的出版理念和思路，他的品味意识和人文情结，都上承韬奋时代的出版路向，下开当今三联书店的出书风格。因此，三联书店的传统历经数十年而不断裂，范用先生可谓居功至伟。

　　其次，范用先生也是我国著名的杂志人。改革开放以后，他在人民出版社曾创办两份中国最著名的杂志，这就是《新华文摘》和《读书》。特别是《读书》，他和陈翰伯、陈原、冯亦代、倪子明等创办者从一开始就将这本杂志定位为"以书为中心的思想文化评论刊物"，并且组织和发表了大量积极探索、富有创见的文章，在思想解放运动中发挥了引领潮流的作用，在思想文化界独树一帜，被誉为"知识分子的精神家园"。《读书》杂志至今历久而不衰，始终保持它在文化界读者中的影响力，这首先要归因于范用先生所开创的传统。范用先生同时还是装帧设计大家，他爱美，也愿意追求完美，喜好给好书"梳妆打扮"。三联书店20世纪80年代出版的书籍，不少封面都是出自他的手。他有时候自己动手画，有时候给美编出点子，三联出版的许多重点图书，装帧设计都是他的创意。他的设计不仅常常令美编钦佩和称道，而且甚至在整体上影响了三联图书的设计风格。今天三联图书出版仍然格外讲求装帧设计和制作品相，这和范用先生多年的倡导和教诲是分不开的。

范用先生之所以成为杰出的出版家，这和他生性爱书有关。他读书，编书，懂书，爱书，他的一生是以书为伴的一生，是和作者共同创造好书的一生，也是竭诚为读者服务的一生。他想读者所想，急读者所急，勤奋敬业，默默耕耘，以强烈的社会责任感和使命感，自觉地做出文化贡献。为了出好书，编好书，他广交天下贤士，朋友遍及五湖四海。他性格耿直，待人真诚，重感情，重信义，以书会友，以文会友，以酒会友，在他的周围，团结了包括老中青三代人的大批学者和作家，他的家成为北京学术文化界朋友经常聚会的场所。为此，范用先生在学术文化界也赢得了很高的威望，人们钦佩、敬重和爱戴他，亲切地称他为"范老板"，他视书籍为生命，他的一切愿望，一切行动，一切交往都以书为中心，为了出好书，他心甘情愿为他人作嫁衣。这是一种宽广而博大的胸襟，一种只有杰出的出版家才能达到的精神境界。

范用先生为人正直，品格高尚，谦虚谨慎，淡泊名利。他总是把自己看成一个普通人，一个普通的出版人，而丝毫不把自己当成出版界的领导，更不把自己当成"名人"。所以他曾多次拒绝媒体的采访，拒绝出版社要他写回忆录、自传和口述史的要求，总是说自己的经历不值得写。对比他为我国出版事业做出的巨大贡献，他这种彻底的只愿付出不求索取的高风亮节，令人在震撼和感动之余深受教育。

范用先生可以算是邹韬奋以后对三联书店影响最为深远的一位领导人了。他的离去，不仅是三联书店不可弥补的损失，而且也是中国出版集团和整个中国出版界的重大损失。但是我们都知道，范用先生和韬奋先生一样，为我们留下了用之不竭的财富。范用先生倡导的出版理念和精神将被我们汲取，他所开创的出版事业将被我们继承。让我们以实际行动纪念范用先生，像范用先生那样把人生的追求和文化担当化为出好书、出精品的不竭动力。

（作者为中国出版集团公司党组书记、副总裁。本文根据
作者在"范用先生追思会"上的发言录音整理）

沉痛悼念范用同志

● 金 敏 之

范用同志走了，他的音容笑貌却仍印在我的心中。范用同志的一生，是为出版事业奋斗的一生。他爱书成癖，有书必读，亦酷爱出书、编杂志。我与他于1950年元月在出版总署相识，他在出版总署出版局，

出席《新华月报》出版 200 期纪念茶会人员合影（自左至右）：前排为翟健雄、臧克家、胡愈之、王子野、李庶；中排为殷国秀、邓爽、陈今、李秀珍、郑曼、范用；后排为沈永、金敏之、刘金绪、张仲恢、徐秉让。（摄于 1961 年 7 月 3 日，北京）

我在编审局第三处，后来同在人民出版社工作，至今已有 60 年。他是我的老邻居，也是老朋友，在 60 年的朝夕相处、合作共事中，我们建立了深厚的友谊。

范用同志原籍浙江宁波，后随外婆由宁波迁居江苏镇江。1936 年他 13 岁时丧父，与外婆和母亲相依为命，外婆送他上学。1938 年 10 月，日本帝国主义侵略军迫近镇江时，外婆为保住范用这棵独苗，给他八块银元，让他到汉口去投靠当时在汉口会文堂书局当经理的舅公。很幸运的是，由上海搬来的读书生活出版社正好在租用会文堂二楼办公，范用时常去读书生活出版社玩，见那里有很多书和杂志可看，于是他就常去那儿看书。除此之外，他每天还到汉口交通路的一些书店去看书。读书生活出版社经理黄洛峰看这位才 15 岁的少年手脚灵活，很喜欢他，向他问这问那，最后决定收他做练习生。从此，范用成了读书生活出版社的一员，成为出版社当时 6 个青年人之一。黄洛峰用印书纸边钉了个本子，教范用练习写字，并说在出版社工作要把字写好。范用在读书生活出版社的工作，先是打包、跑邮局、送信，后来当收发、登记来信。范用说"1938 年，是我人生的转折点，党收留了我，教我学会做人做事，引导我走上革命的道路"。1939 年在重庆市经赵子明（刘大明）介绍入党，受中国共产党南方局的领导。黄洛峰放手让青年同志读各类的书，多多益善，开卷有益，使范用养成了读书习惯，读《大众哲学》，学习政治经济学。范用体会到，书的好坏要靠自己辨别，读多了辨别力也就提高了。

范用同志与我是同时代的人，他比我小两岁，在生活上我们有共同的遭遇，都是自小失怙，全靠自己。他勤奋向上的工作精神给我很大的启示和激励，也促使我不断地努力学习和工作。他认真学习党的方针政策，学习马列主义理论，刻苦钻研出版业务，最终成为出版界的行家里手，成为国内著名的出版家。他善于独立思考，始终为读者着想，开辟了许多出书的新思路。他亲自走访作家和读者，挖掘作品，听取意见，得到众多作家和读者的赞许。1978 年，为了把当时的《新华月报》加出《新华文摘》版，他亲自设计、出草样，并安排史枚同志事先编辑《新华文萃》样本，然后广泛征求意见，在学术界引起很大的反响，终使《新华文摘》（当时叫《新华月报》文摘版）于1979年创刊出版。之后，他又在三联书店创办了《读书》杂志，在创刊号上大胆提出"读书无禁区"的真知灼见，为该杂志开辟了新天地。几十年来经他手审读的好书达三千余种，这些精神食粮一直深深影响着成千上万的读者。如巴金的《随想录》，《傅雷家书》、《傅译传记五种》，夏衍的《懒寻旧梦录》和郑振铎的《西谛书话》等，都是书中之宝，永读不衰。

范用同志一生为人真诚，尊师重道，谦虚谨慎，常说自己脾气不好，但他却善于交朋友，他常说朋友是工作中不可缺少的，彼此要真诚相助。陈白尘、冯亦代、丁聪、黄苗子、黄永玉、华君武、方成等都是他的好朋友，陈翰伯、陈原、戴文葆也都是他的好朋友。戴文葆在1957年被打成"右派"后，到天津茶淀农场劳改，生病临危时，范用同志亲自把他接回，真正体现了患难之交。

我与范用同志曾同住在东总布胡同20号院内，我们两家只有一窗之隔，因此可以随时交谈各自的过去和工作情况。他非常怀念小时候在镇江穆源小学的学习生活。他说穆源教给他学习做人之道。谈到在读书生活出版社工作时，他说，黄洛峰同志给他极大帮助，使他受到了很好的锻炼，在他的帮助下认真读书学习，并成为一个真正的书的爱好者，成为一个出版工作者。

范用同志一生忠诚为党做了大量工作。一、1939年他在重庆读书生活出版社工作，在办理读者邮购业务时，接到延安毛主席秘书李六如由延安天主堂寄来的购书单，开始为毛主席买书，之后交给18集团军重庆办事处转交。1947年至1949年在上海为毛主席购图书、报纸、杂志，交地下党机构用机帆船运往大连再运到烟台转往河北。二、1946年2月10日，重庆各界人民团体、各民主党派为庆祝政治协商会议达成协议，在重庆较场口举行群众大会，范用和几个同志被组织派去担任

主席台布置工作，并留在主席台上。会议由李公朴任主席。大会遭国民党特务破坏，李公朴被打伤，郭沫若、施复亮等也被打伤，沈钧儒在混乱中镇定从容，最后是范用和仲秋元将沈老架出会场。范用同志事后说："黄洛峰是书店的老板，也是统战工作者，负责推动民主运动，从这次事件中充分展示了黄洛峰的组织能力，安全送民主人士回家。"三、为了加强中国民主同盟的新生力量，1951年7月，出版总署党组决定在人民出版社建立中国民主同盟的基层组织，党组织将范用（中共党员）、徐砚华、姜铁生（均为共青团团员）及赵晓恩、郑曼和我介绍给民盟，成立了中国民主同盟人民出版社区分部（后改为支部）。范用同志在加入中国民主同盟后，认真执行党的统战政策，积极参加同盟的各项活动，宣传党的路线方针，并积极发展一些在出版社有影响的编辑人员，如郭从周、赵木斋、翟松年、江平等同志入盟。从此，我与范用同志成为一个统一战线的战友，并成为一生的挚友。

2010 年 10 月 16 日

（作者为人民出版社离休干部，编审）

难 忘 范 用

● 王 志 民

　　1963 年，我从北大荒劳动改造回来。先是在人民出版社总务处劳动了半年左右，也不知哪里吹来的风，忽然有消息说要给一些"右派"分子摘帽子。我有幸从"右派"变成"摘帽右派"。当时，范用是副总编辑，他找我谈话，分配我到外史组工作，工资恢复到 66 元（我原工资是 89 元）。范用说："这是国家规定，我们也没有办法。""我们也没有办法"，这分明是同情的语调，而且对这个规定是有不同看法的。如果再进一步想，他对"反右"是不是也有不同的看法呢？

　　到外史组工作不到 3 个月，只看了一部俄文书稿，又因"摘帽右派"不能留在北京，我被下放到了内蒙。

　　后来我才知道，为了安排我的工作，范用同志可费了大力气了。因为我是"摘帽右派"，没有一个编

本文作者与范用

辑室要，在那个年月这也不稀奇，谁愿意弄个包袱背着呢？后来范用终于说服郭从周老先生，以我会俄文为理由，收留到外文编辑室。其实，我在学校学的是英文，在奥地利使馆当过新闻秘书，哪里算得上懂俄文。去外史组以前，范用同志勉励我："好好工作，安心工作。"话音刚落，人事部门又宣布我下放，我只好收拾行装，内蒙去也。去时正值青壮年，归来已经白发苍苍。

但是，我始终没有忘记范用同志对我这个"右派"以有用之人看待，虽然他是人民出版社的副总编辑，在当时他能做的也有限，但他冒着说他右倾的风险，安排一个"摘帽右派"的工作，而我和他却素昧平生，从无交往（因为我是从"时事手册"合并到人民出版社来的）。

1986 年我访问奥地利，有奥国友人送我一瓶葡萄酒，这酒是陈年佳酿，外头有木头盒子包装，我的第一个念头是这瓶酒一定要送给范用。（我知道他跟黄苗子、丁聪等一批文化界朋友常在一起喝两盅）我把这酒送给范用的时候，他高兴得像个孩子，第一次打电话告诉我，舍不得打开，第二次说与朋友共享了。他赠送一本《我爱穆源》给我。

范用与我接触不多，他是书痴，以出书为乐，力求精美，因此，也跟同事们发生过一些争执。但我没有听说他为了私事或出书以外的事与人争执而闹得不愉快的。

范用是我尊敬的人。在上世纪 60 年代困难之际，他热心帮助我这个"右派"，仅此一件事，也说明他是一个热心肠的好人。人在困境，你对他有所帮助，他会感谢你一辈子。但是，这个世界上还是锦上添花的人多，雪中送炭的人少啊！所以，范用是我终生难忘的人！

（作者为人民出版社离休干部，编审）

深深怀念我们的好领导

——记范用同志生前的几件小事

● 吕异芳

　　人民出版社的前身，是中宣部属下的"出版委员会"。1949年秋，从天安门前的原司法部大院搬到了东总布胡同十号。当时办公室在前院平房里，宿舍在后院两层的小楼里。部分家属和女同志住在这里。由于

左起：本文作者、范用、乔雨舟

065

屋子面积小，只能住两三个人，放一张木板床后连一张小桌子都搁不下了。业余时间同志们只好到前院办公室去看看书，写点东西或聊聊天。不久，有人对我说，你看，范用同志总是一个人在他的办公室里忙活，我们大家都走了，他仍是在那里干活；有时早晨起得早，路过办公室小院，仍会看到他在办公室里。当时大家还不太熟悉，不好打搅，后来才知他是在那里搞一本国际杂志《持久和平报》。只要译文送来，他就马上动手，边看稿，边画格式，标字号……从发稿、校对、付印，全部编辑过程都是他一手包办。为了争取时间，常常是一干一个通宵！

范用同志的敬业精神，让人既佩服又感动。这种工作热情，执著态度，拼搏精神，应该是我们出版人的样板！

范用同志的朋友遍天下。学者、专家、艺术家、出版家……这是大家公认的。我发现，他关心要好的朋友，遍及各行业、各阶层，而且十分诚恳。

譬如：黎澍同志与他关系很深。凡学术动态，政治新闻或其他消息，他们都彼此交流，有些内容较多或电话里讲不完全的，或者碍于时间，范用会派组里的同志前往，行前必嘱咐好好笔录，或取书面材料，尤其与出版方面有关的消息，他十分重视。黎澍同志上通下达，消息面广，范用对他的消息十分重视。我也因此得到黎澍同志的不少帮助。

范用与戴文葆也是密友。1957年戴文葆被送到河北一个农场劳动改造。后接到农场通知说戴文葆"病得不行了，快派人去接"。当时因许多人都不想去，范用默默地约了戴的夫人去劳改农场，借了一辆平板车，亲自把戴拉到火车站，颠簸艰苦地接回北京送到医院，算是救了戴的一命！（见张惠卿：《如烟往事文存》）范用不畏艰苦，不怕政治牵连，勇往救人的精神，不但戴文葆同志感激涕零，让我也终生难忘。

1958年是"大跃进"年。人民出版社派了一个有几十人组成的队伍下放到河北遵化县劳动锻炼。出版社的干部分为三队，我们沙滩一队是由郭森带队，女同志有杨静远、曹滨陶和我四人，男女共十几位。范用对这批人十分关心，常常写信了解情况，鼓励大家注意身体，搞好与当地群众的关系。因我与曹滨陶同住一个老乡家里，每次回信，多用我们两人的名义。范用第二次来信，嫌我们两人的名字复杂又俗气，就写了"吕一方收"。我告诉范用，我的名字是我爷爷起的，他不管。从此，"一方"的名字就在出版社通用了50年。回京后有一次在办公楼阳台休息时，与江平同志聊起我名字的事，范用同志刚好也在场。他告诉我们，他刚上小学时叫"范鹤镛"，那时对写自己的名字很"怵头"，还是简单的好！这情、这景之下，我也只好"恭敬"地接受了。

20世纪90年代中期，我到加拿大去探亲，范用得知后特地来电话让我带一本书给一位女同志。这位同志是三联书店的，孤独远行在异国他乡奋斗，十分不易。当我把书和信交给这位女同志时，她拉着我的手泪流不止，"我们这些小干部，想不到范用同志还这样惦念我们……"我意识到范用的惦念在游子心中的分量！我也被深深地感动了。

范用在出版社，一个人领导了好几个组，业务抓得很紧。特别是对美术组，每逢该组的同志有好作品出现，他就像得到宝贝一样，十分兴奋。有时把几种作品摆在桌上，让大家品评、欣赏；有时干脆把几份设计方案手持书夹送到522室（他的办公室是520室）亮相，征求意见。其得意和兴奋之情，溢于言表。对自己的作品，他也认真对待，有时也洋洋自得。吴晗的《朱元璋传》封面设计是白底突出的印花，十分大方、好看。但出版后，吴晗被点名批判，我问组里同志，是谁设计的，他答"别提了！"原来如此，我们也为之黯然！他的《叶雨书衣》一书的出版，证明了他一生追求书籍装帧艺术的苦心和独具慧眼的努力方向，在出版界、艺术界真的是大有可为，有广阔的发展空间。

范用同志喜欢美术，也喜欢音乐、唱歌。早在东总布胡同时期，有时早晨或晚上，常常是一边工作，一边哼唱。节假日就没有顾虑而引吭高歌了。当时，在这个队伍里有位年龄很小党龄却很长的女同志，叫刘锋。她特别喜欢唱歌，嗓子又好。有时碰到范用那边有歌声，她就在这

边响应，《在松花江上》、《马路天使》、《五月的鲜花》，等等。前几年在我社老同志新年聚会上，他不也在"轰！轰！轰！"(《大路歌》)地大放高声，赢得全场掌声雷动嘛！

离休后的范用同志，一点也没闲着，艺术界的老友聚会，出版社里老同志的生日祝贺，他都积极参与。从穆源小学到上海、北京的艺术界、出版界，还常在荧屏上看到他滔滔不绝回忆往事那神采飞扬的身影。

没想到的是，他病了，而且这么快就走了！60 多年的岁月经历，还未能认真回味，留下的不是遗憾，而是可惜！因为，他还有许多对出版事业的设想……

（作者为人民出版社离休干部，副编审）

怀念、感恩范用同志

● 金 春 峰

范用同志的辞世，使出版界痛失了一位卓越的领导人和师长。我深为悲痛。

范用同志是出版大家，为出版事业作出了巨大贡献，堪称楷模。

"大家"，不仅是因为在其工作的几十年中出版了大量学术思想著作，而是如中央电视台评论主播白岩松先生所说，出版了像巴金《随想录》、傅雷《傅雷家书》这样的"大书"。当时，这两本书都是别的出版社退稿而不敢出版的。范用同志却亲自上门，视如珍宝，亲自编辑、精心设计封面、版式，让它以最快的速度送到读者手中。那份感情和责任，如同母亲之于孩子，表现出对优秀著作的极高的鉴赏品味、敏锐的时代洞察力、巨大的担当勇气。事实上，像傅雷和巴金这样著作的出版，也确实别开生面，引领了一个新时代的思想和文风。而经过范用同志的手，类似的书有一个长长的系列：夏衍《懒寻旧梦录》、杨绛《干校六记》、李一氓《存在集》、叶灵凤《读书随笔》、吕叔湘《未晚斋杂览》、流沙河《十二象》、金克木《旧学新知集》，以及《柯灵杂文集》、《胡风杂文集》等等，继往开来，光大了"三联"的出版风格，让读者耳目一新。

封面设计是范用同志的爱好与享受。每本经他之手的著作，他都要为它做最好的梳妆打扮，使之美轮美奂。《叶雨书衣》收录了他设计的一些封面（包括少数他创意而由美编完成的），意境高远，简洁明快，令人赏心悦目，不仅大大提高了书的品味，增加了书的感染力，也成为独立的艺术品，为封面设计提供了极好的示范和教材。

因此，范用同志赢得了许多大学者、大作家的尊敬和友谊。叶圣陶、冰心、巴金、楼适夷，等等，有如"兰亭聚会"，以文会友，以友辅仁，相互提携、促进，共同推进了学术、创作和出版事业的繁荣。这是文坛和出版界的佳话，流风余韵，将为后人永远纪念、继承和学习。

像范用同志那样的勇气、见识、热忱，为书全身心地投入并乐在其中，这样的出版家确实够得上一个"大"字。

范用同志也是散文家。《我爱穆源》写儿时受教的穆源小学，娓娓道来，清新自然，生动、亲切，把我们引入到一个儿时教育的"仙境"。独特的校徽、校服、校歌，远足，师生情深，处处欢歌、笑语、友谊、关怀、鼓励，天真烂漫，又充满求知的渴望与热情。几十年过去，从孩子、少年到中年、老年，一份亲切感恩之情历久而弥深，是乡土文学和忆旧的杰作。范用同志就是在这样一个深深保留着我国传统文化和儒家诗教风韵的环境中成长起来的；加上长期在"白区"从事进步文化与出版事业，民主、自由思想在他头脑中深深扎根，使他的一颗仁爱与民主自由之心，分外光彩动人，没有为"斗争"哲学和"整人运动"所磨损。出版界很多人都得到这爱心的关爱，我个人亦受惠至深，令人难忘。

第一次是1971年在湖北咸宁"五七干校"。那是非常时期，人人不由自主地恐惧、紧张和不安。我个人处境非常困难，工资微薄，入不敷出。"军宣队"突然让回家探亲。困难啊！不知从哪里，范用同志知道了情况，从背后呼唤我，偷偷地把几块钱塞到我的手里。当时，这要冒风险啊，可他似乎完全没有考虑。一股暖流从我心里涌起。那绝望、恐惧、冰冷的心得到了慰藉。

第二次是1985年我到纽约参加第四届国际中国哲学大会。能够成行要感谢社领导和出版署的支持。但范用同志个人却是格外地关心，连穿的西装都加以斟酌。要经香港飞美，联系了香港三联和唐一国先生妥为接待，范用同志又主动给三联的领导肖滋先生写了一封信，托为关照，所以一切都很顺利。但突然出了情况。原来美国学者提供的机票是韩国航空的，要在汉城停留。当时中韩关系没有解冻，为安全考虑，规定不许乘坐这样的航班。我想不去算了。三联和肖滋同志却非常热心，帮助退了票，垫钱买了美国联航的新机票，终于到美赴会。没有范用同志的信，也许这次就不能成行了。我并不知道范用同志和肖滋先生的关系，也没有提出请范用同志写信，他却考虑周到，有如父母对待孩子的第一次远行，没有想到的他都想到了。

范用同志不直接领导我们哲学编辑室，但一切哲学的创新、拨乱反正，他都热心支持。1979年我写的第一篇拨乱反正的论文《论唯心主义在一定条件下起进步作用》，就是在他筹办的《读书》杂志上发表的，篇幅长，连发了三期。不久，一些学者一起筹办《中国哲学》辑刊，以图书形式发行。出版署领导把此事批给人民出版社，范用同志随即把它直接批给哲编室。一路绿灯。这样，从1982年起，陆续发行了十四辑，在海外引起了反响和赞誉，对推进中国哲学的研究起了很好的作用。但风风雨雨，各种原因，出到第十四辑，就改由社科院历史所及湖南大学岳麓书院接手，由其他出版社出版。这十四辑《中国哲学》印证了范用同志和"书"的情同母子的关系。要是该辑刊一直在人民出版社出版，积累到今天，蔚然大观，那该多好！我想范用同志会极为高兴的。

如今他走了，但风范长存。

像春风化雨，润物无声；

像寒冬旭日，温暖可人；

像慈母护子，为"书"请命；

像美丽天使，为"书"装帧；

像孺子牛，默默耕耘。

像水晶，剔透晶莹；

没有呐喊，用好书引领时代风云；

民主自由，这火炬是他的明灯。

穆源，留下他感恩的心；

三联，是他的魂和生命。

他走完了一生，风范永远长存。

2010 年 10 月 20 日

（作者曾任人民出版社哲学编辑室主任）

范 用 忆 旧

● 陈 子 伶

范用先生创办《新华文摘》时，我开始在他领导下工作。他办公室在文摘编辑部斜对面，中间隔条走廊，三五步便可来去。不久又知道，先生与我的住地也相近。他在北牌坊，我在南牌坊，南北一线，相距不

左起：丁仙宝、范用、本文作者、刘菊兰

073

过百米。

办公室相邻，住地相近，我与先生便有些往来，公私皆有。先生待我是好的，我能感觉出来。但是我总想调离人民出版社，也不怕先生不高兴。

因为许觉民先生常从南牌坊走过，便有机会向许先生请教。许先生（洁泯）是评论大家，其时在文学研究所任所长。我与许先生曾有三遇三谈，都很简单。

第一次，我对洁泯先生说，想去文研所工作。他表示可以考虑。

第二次，许先生说，在考虑如何安排。

第三次，许先生说，听说你在文摘工作挺好，暂时不要动嘛。

自然，我听从洁泯先生劝导。但我纳闷，他怎么知道我工作状况呢？后来获悉，许范两家原是姻亲。

我始终没有对范用先生提起过这件事，先生见我也从不提起，且待我如初。

我又一次想调动，也未说。倒是先生跟我谈了，地点在对着他办公室的厕所门口，我欲进，先生正出，在厕所门口，他说了这样几句：

"罗荪来了，要调你。"

"我没同意。"

"我跟他说，你办杂志要人，我办杂志也要人。"

先生说完，便两步走进他的办公室。上午工间休息，先生叫我到他办公室，我以为调动工作或有转机。先生笑眯眯地问我："喝不喝咖啡？"

我说："谢谢您，喝点。"我再也没提此事。

多年之后，吴泰昌师兄谈起此事，说："是我陪罗荪去找你们老板的。他们要谈时，我就躲出去看风景了。"

孔罗荪先生当年主管《文艺报》。

通过范用先生，在住地近处，见过两位大家：一位是李一氓，另一位是曹辛之。

一泯先生宅第，在范府北边，相距至多三四十米。可能是为《新华文摘》事（文章），范用先生带我去过李府。像李府高墙大院这种住宅，我是第一次进入。院里摆放着不少盆花，屋里还算明亮。两位先生谈得很投契，气氛融和，这点印象较深，至于谈什么已记不清了，只有一点尚有印象，就是好像讲到有关《红楼梦》什么版本。我当时没有记录，事后亦无补记，至今想来已成一件憾事。但是，仅一面之缘，数年之后仍能相续，由我来接手李一泯回忆录，而先生又来关照，天道茫茫，仿佛仍有定数在，我在后面会谈到。

曹辛之府上也在周边一带。那时我在中国文化报参加创办工作，先生也已离休。韩金英是编辑记者，想反映出版界情况，问我可以采访谁。我向她介绍了范用先生，并带小韩去先生府上，介绍认识。小韩住家，当时似在西总布或外交部街西首附近。先生又介绍了曹辛之先生，并且带我和小韩去曹府。曹先生是著名装帧设计家，艾青也颇为称道；但曹先生更是早已成名的诗人——九叶派诗人。我读过九叶派诗作。不料眼前的曹先生便是诗人"杭约赫"，真令人大为激动，一种敬佩之意油然而生。在曹府我们都喝了黄酒，记得是曹夫人烫的酒。

原来有计划要写先生和曹辛之两位的。韩金英写了篇散文式的采访记，是写先生的；先生的《我爱穆源》将之作为附录内容收入。计划中要写曹先生的，我后来离开中国文化报回到人民出版社，没有再与小韩联系计划中的事情，自然也是件憾事。

除编刊外，先生关于图书出版有许多故事。但我所知不多，我先记录我亲历的一二件事。

在先生办公室，我喝过白兰地，喝过咖啡。但先生摆着的书，不太敢动。唯一一次是例外。那次先生办公桌上放着本书，丛刊一类图书，书名《历史的沉思》，左下角排着印章图案的"青年文稿"四个字。我看了封面目录，如《论文理两科方法论的共同基础》、《马克思主义的对象

和作为对象的马克思主义》、《历史的沉思——中国封建社会结构及其长期延续原因的探讨》、《对人性研究中若干问题的分析》、《三十年来我国需求大于供给趋势的初步探讨》等等，涉及社科诸多学科，凭感觉似乎有学术新潮味道。先生见我翻看该书，似有兴趣，便说你要看给你好了。

这本书是先生编的，我至今仍收藏着。

该书所辑文章的作者，都是三十上下的青年学者。整书思想新颖敏锐，内容主要有两点：一是探索将自然科学的方法论应用于社科人文科学的学科的研究，另一是倡导介绍交叉边缘学科等。举一例，或可窥全豹。

如《历史的沉思》，文章运用系统论控制论分析中国封建社会结构及其长期延续原因，由此建立中国封建社会超稳定系统模型，同时回答一个问题，亦即解释一种现象，就是对待这种超稳定系统，只有靠（主要是暴力）大动乱，才能打破，才能解决由土地高速兼并和官吏腐败所造成的社会矛盾等。作者引自然科学研究的方法论研究史学，剖析封建社会长期停滞与周期性的内因，尽管是探索，但发人之未发，见人之未见，新意沛然，一扫史研颓风。

之所以提这薄薄一本图书，不是因为编者是范用，而是编者的选题目光深邃，思想敏锐，已显得风气之先的超前意识。因为数年之后，四川人民出版社就推出《走向未来》丛书，是那个时期社会文化新潮标志性出版物。这套丛书，即以引进绍介当代科学新知、特别注重于科学的思想方法论和新兴边缘学科介绍应用为己任。第一批丛书出版于1983年11月，同类出版主题，比起青年文稿《历史的沉思》几乎整整晚了三年，可见先生出版文化眼界远阔。但青年文稿出版突然被断，不知何故，其中奥妙，我也没有问过先生。

第二本书，是王昆仑的《红楼梦人物论》。问先生有关此书情况，纯粹出于我个人兴趣。昆仑老著作装帧设计及插图，整体浮动着一种清丽俊逸韵味，令人心醉。先生如数家珍般给我讲述《红楼梦人物论》的发表史，从解放前到解放后，先生是如何收集剪贴，如何向昆仑老要求出版，以及约请名家装帧设计插图等。

先生一席话，在如何捕捉图书选题上，我似有点开窍。但我似乎对先生的出版故事更感兴趣。因此便取先生所言部分内容，敷衍成《范用与〈红楼梦人物论〉》一文，用申今名字投于上海《文汇报》。文章写时和发表后，我都没有告诉先生。小文发表后，先生看到，问我：你写的吧？我说，你怎么猜到的？先生说，"申"是上海别称，"今"是"伶"的省笔嘛。先生说时，有点得意，像个小孩子。

我没否认，也没承认。但十年后，我用另种方式表示了"承认"。我主编《学习》杂志时，先生已离休多年。我收到先生寄来的《我爱穆源》。书是先生早年自传体回忆录，写童年记忆，记忆中的童年。我用"申今"写了《范用与〈我爱穆源〉》，发在《学习》杂志上。我也听说，《我爱穆源》出版，韩金英还出资帮过忙。为此事，我在短文里只发虚虚一叹：没奈何。因写得匆忙，《范用与〈我爱穆源〉》没有写好，有点对不住先生。

先生收集剪贴资料，还助名家出版，唐弢的《晦庵书话》即是一例。唐弢先生是中国现代文学史大家，著名的鲁研学者倪墨炎兄曾带我去唐府见过晦庵先生。

早在20世纪40年代，唐弢就撰写书话。先刊在杂志，后又登在上海《文汇报》，且数量较多。但由于随写随弃，没有留存。解放后，晦庵重拾旧业，在20世纪60年代初，北京出版社出版了唐先生的书话集，因书话发表时间跨度大，文章散佚不少，出版的书话，只是薄薄一本。唐弢称之为"小册子"。到70年代，唐弢重编自己的书话集子，范用先生便将自己搜集保存近30年的唐弢书话资料，全部馈赠作者。唐弢给先生信中说："我的不像话的旧作，承你剪贴了这许多，使我惊奇而又感激，""据我回忆，登在《文汇报》上的"，（先生）"这份恐怕已可说是全璧。"

唐先生这次整理出版的《晦庵书话》，因得益于馈赠资料，内容较为齐全，有 500 多面，亦能体现晦庵大家书话特色了。

但是，上述图书出版与我没有直接关系。在图书出版上，先生与我直接交往只有一次，便是一泯先生回忆录装帧设计问题。

1989 年政治风波后，我在《新华文摘》杂志职务被撤。靠边一年后，突然给我一项"署里交办"的任务：出版李一泯回忆录《模糊的荧屏》，由我责编。据有关方面说，回忆录史实内容已由专家审定。回忆录前言及后来又加上的后记，均说此回忆录原已被编辑，而我接手的只是字迹誊抄较为清楚的原始手稿。我曾想请先生帮助，请他询问一泯先生夫人看看还能请到谁再帮忙整理一下手稿。但我犹豫再三，没有联系先生，只得自己编辑下去。书稿付排后，不料接到先生信函——好像是谁带来的。内容如下：

子伶同志：

李一泯夫人王仪同志来电话，知回忆录已付排，很高兴。她要我从旁关心一下此书的印刷、装帧质量。

不知封面请谁设计，我只有一点意见，务必不要在封面印上人像（无论是画的或者照片），这种设计最糟糕，像张广告画、招贴画，俗气，而缺乏书卷气。

范用

一·卅

年月日是 1992 年 1 月 30 日。

回忆录美编，请的是王师颉。先生的信，我给师颉看过。回忆录封面设计，原则上是按先生意思办的。我其时所处状况，先生不太清楚，但肯定获悉我已入困顿。《模糊的荧屏》出书后，工作人员署名只署美编的，不署我这个责编的，可见歧视之风正盛。我尚能自知，所以先生来函，没有再给其他人看。但我心里感激而又感温暖。感激的是先生不弃仍在关照；感到温暖的是，先生对老朋友一泯先生未了事的尽心。我在其中至少看到人间尚有真情在，有先生这样的人在。因而或许正义仍在，没有被强力所湮灭。

先生去世大半年了。

我还时常怀念先生和先生人格。

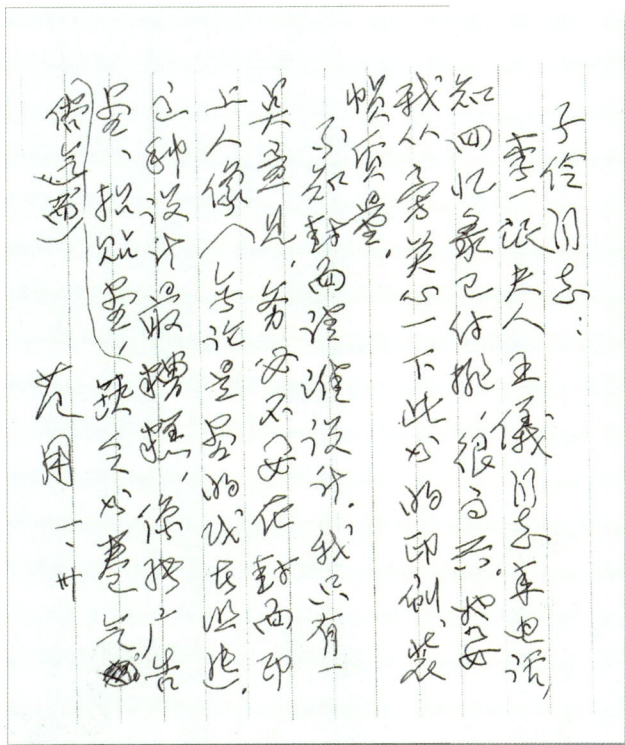

范用给本文作者的信函

我愿将怀念拈成一炷心香，纪念、永远纪念先生。

（作者原系《新华文摘》杂志副主编兼编辑部主任，
《学习》杂志主编，编审）

痛 失 巨 星

——敬献馨香一炷，伴送范用同志远行

● 张 明 惠

左起：范用、高野夫、马少展、本文作者（摄于范用家中书房）

匆匆过客已归去　亲朋惊闻泪沾衣
一代大家今长逝　书界又失一巨星
世间人海两茫茫　伟业丰碑不可移

出书爱书勤读书　礼贤下士近精英
不避风险出好书　精品传播四海惊
匠心独具裁书衣　美观别致设计新

书多画多朋友多　光明磊落喜唱歌
代人受过心坦荡　不计前嫌宽胸襟
善待部属成表率　事无巨细必躬亲

毕生只为书事忙　但求作者心满意
精益求精为书籍　敬业岂图名和利
众口称赞范老板　史册留芳永相忆

2011 年 1 月

（作者为人民出版社退休干部，副编审）

受人尊敬的好领导

● 马 少 展

我参加工作后，是在三位德高望重的领导的带领下，一步一步向前走来的：陈道同志（老新闻工作者）是我第一位领导，郭钧同志（老木刻家）是我第二位领导，他们都是从延安来的老革命，是我踏入美术工作的启蒙人；而十五岁就在进步书店锻炼成才的范用同志，是培养我长期站在出版这块沃土耕耘的人。如今我已年届八十，从上世纪 50 年代我担任人民出版社美术组（后改为美编室）负责人起，直到上世纪 80 年代末我离休告别了美编岗位，30 多年时间，都是在范用同志直接领导下工作的。范用同志为出版事业的献身精神，他为人做事的开阔襟怀，他多才多艺的妙思睿智，令我不能忘怀，并时常激励着我。

有高度敬业精神的出版家

身为人民出版社的副总编、副社长和三联书店的总经理，除参与社政方针的制定外，范用同志全身心地投入出版工作的各个环节。他亲自联系作者、谈稿、约稿、编稿，动手装帧设计，参与校对，还不时跑印刷厂。他的确是一位实干家。最难能可贵的是，无论他处在顺境还是逆境，甚至在"文革"中挨批斗时，都未放弃为出书而奔忙。他说："出版社就是我的家，就是我的学校。"为了出好书，他常常夜以继日，废寝忘食，经常是大家下班了，他还在办公室里忙着。

他思维敏捷，具有远见卓识，能适应形势发展，紧跟改革步伐，出版一些读者渴望的书刊。《新华文摘》《读书》两个杂志，就是在"文革"结束不久，经他策划、设计（内容和封面）而出版的。上世纪70年代末80年代初，神州大地刚刚解冻，他就策划出版了一批老作家的书和杂文集。如《傅雷家书》出版时，傅雷父子尚未落实政策，此书出版后影响很大，畅销海内外。随后经他策划又陆续出版了巴金的《随想录》、茅盾的《我走过的路》、杨绛的《干校六记》及《夏衍杂文集》等十几位老作家的杂文集，他为这些书籍装帧设计，出谋划策，构思创意，及时给人们提供了一片文化绿地。

范用同志信奉"知识就是力量"，他主张把真正的知识推荐给人们，决不为赚钱而出版有害的书、无聊的书。

资深书籍装帧设计家

封面设计的灵魂是创意，所以设计要符合书稿内容。仅仅根据一个书名去揣摩书稿内容，这样做封面是做不好的。图书装帧设计难度很大。常常是设计的封面稿在征求文字编辑意见后，多次送审得不到通过。在这种情况下，范用同志会提出构图意见，把他的创意具体化，让我们重新考虑，再次绘制。他对自己看重或喜爱的文稿，在下发设计通知单时，就附有他创意的铅笔示意图，让我们按他的创意布局、绘制。例如：《我热爱中国》（路伊斯·惠勒·斯诺著）就是他在下发设计单时，要求我按照他创意的铅笔稿绘制的，他还交代这是一套丛书的第一本，封面上还要有斯诺的速写像。类似实例，举不胜举。诸如：《读书文丛》、倪海书的《杂咯咙咚》、《马克思恩格斯全集》、《希腊神话典故》、《一氓题跋》、《傅译传记五种》等等，我们都是按他的创意进行绘制发稿的。

心胸开阔、待人宽厚的领导

他爱才惜才，待人宽厚，对所谓"有问题"的人，持仁爱之心，教育帮助。"文革"中他最大的"罪状"是"招降纳叛"，因为他接收了所谓有"问题"的人。例如一位学识渊博的老专家被误判"有罪"，后虽"平反"，却仍在家乡干着打扫大街及公共厕所的活，后又被安排到远离城镇的林场里劳动，当时他身体状况极差。范用同志得知他的消息后，在滴水成冰的冬天，借了一辆平板车，亲自把病危的他拉上火车，带回北京。老专家几经周折，方才调回我们出版社工作。此后的几十年，这位老专家时有论著问世，并获得韬奋奖。这段实事后被社里的同志传为佳话。

还有一位同仁，被错划成"右派分子"后，妻离子散。平反后仍流落街头，贫病交加，骨瘦如柴，衣食无着。也是范用同志把他安排回社工作。后来他因身体受到过分摧残而病入膏肓，在他弥留之际，又是范用同志千方百计派人找到他唯一的女儿，让他们父女见了一面。

范用同志戏称自己是"小尺码"，因为他身材瘦小。然而他的胸怀是宽阔宏大的。"文革"时，有一位青年编辑受极"左"思潮毒害，在"运动"期间，曾对范用同志有过火的行动。"文革"后在讨论是否留用这位青年时，全社上下一片反对声。范用同志作为曾受他侮辱的社领导，不但没有记私恨，而且力排众议，签字留他仍回原部门工作。这位青年在以后的工作中，思想、业务均有很大进步。

现在，我也是80岁的老人了。我很幸运在这样一位品德高尚、心胸宽阔、对事业兢兢业业、多才多艺的领导手下工作了30多年！我尊敬这位老革命——范用，他是我终身学习的榜样，我们会永远怀念他！

2010年9月

（原载《新华月报》2010年11月号上，作者为人民出版社美编室原主任，编审）

对我影响最大的一位长者

● 宁 成 春

　　1969 年我调入人民出版社，从 70 年代初到 1986 年三联书店恢复建制，范老离休之前，我一直在他领导下工作。他很关心我，是对我影响最大的一位长者。我的书装设计的基本风格和理念都是在他的指导下形成的。

　　我们的设计审批是三审制。最后一审是范用同志。凡是他策划或是他喜欢的书稿，设计方案总是很难通过。打倒"四人帮"之后，人民出版社要出版一套外贸知识的丛书，记得董秀玉是责任编辑。当时设计方案都要画成印刷成品的效果。我画了几个方案，小董觉得不错，可范老不通过。又画了十几个。最后 20 余个方案，他才选中一个。当时我想，

本文作者与范用

085

不管画多少个，都是一种尝试，都是自己的积累。所以每个方案我都认真对待。有的时候我画的方案总是通不过，又急着开印，范老就笑眯眯地哼着小曲走来，一只手拿着小纸片，纸片上用软芯粗铅笔画着他思考的方案，一只手搭在我肩膀上说："试着这样画一个，""把这个（图）改一下"……他并不明确告知怎么改，我只能去揣摩他的意思。

"读书文丛"的标志就是这样。当时我画了几个方案都没通过，直到画成他提示的"一位裸体少女伴随小鸟的叫声在草地上坐着读书"他才满意。这个标志现在看来很平常，可是上世纪70年代末"文革"刚刚结束，心有余悸，不敢表达什么情调，何况这种裸体少女的形象！没有范老的启发和支持，我是不敢这么画的。出书后本店的一位编辑就曾笑着说："小宁，你这是画的什么呀！"

这套书的封面上把作者的书稿手迹断开，倾斜错落着排列，像雨像风，很有动感；下边是少女读书的标志。一动一静，处理得十分大胆、新颖。丛书出版以后，封面设计反应很好，在当时一片"红海洋"里显得格外清新悦目。

三联书店出版的斯诺的《我热爱中国》，封面是交给美编组组长马少展制作的。范老提供了一张斯诺照片的印刷品，组长让我根据照片画了一张速写。记得是用咖啡色炭精棒画在布纹纸上。我觉得这个设计方案肯定是范老授意的，后来证明的确如此。斯诺肖像大小空间处理得当，最高明的是让斯诺背对书名，加强了他手持香烟思考的感觉。这是违反一般的设计常规的。当时范老不让署他的名字，版权页上设计者的署名是"马少展"，而且范老至今以为速写像是马少展画的。其实，那个年代大家并不在意署名，认为署名只是一种责任，没有什么"利"，也不在乎"名"。即使获了奖也没人在乎是谁的。

那时的美编室我年龄最小，工作比较认真，范

老又酷爱装帧设计，所以 1984 年有了出国进修的机会，他就极力向版协推荐，让我第一批赴日本讲谈社学习。1985 年回国，1986 年三联书店恢复独立建制，讲谈社朋友为我争取到再次留学的机会。刚刚独立，人手不够，我怕不能成行。没想到范老非常支持我再去深造。为了弥补人手不足，他兼职美术编辑，设计出很多好书。

退休以后范老仍然关心三联书店的装帧设计，经常给我写信，直言不讳，语重心长。至今我还保存着 1996 年 9 月 5 日他写给我的信。那时我们四位书装设计师搞了一个展览。范老在信中说：

四人展很成功，使我大开眼界。丁聪说：就是跟过去大不一样，我们中国，善于吸收外来的东西，看汉唐就知道，这是中国的长处。我希望不要忽视民族特点，推陈出新。你们四位如果可以称为一个学派，是否可以说，这一学派源于东洋。我看过西方如德、法的一些书装，其特点是沉着简练（无论是用色还是线条），似乎跟中国相近。总之，希望大家都来探索，在实践中更上层楼。

在三联（书店）展览这么几天，为期太短，很多人都不知道。如果在三联门市（韬奋图书中心）开业之时展出，会有更多的人、爱书的人来参观。去不去上海展出？上海有一支不小的装帧队伍，可以同他们交流经验。

建议与张守义同志商量，由版协装帧（艺）委（会）出面，每年编印一本《中国书籍插图装帧年鉴》，全国出版社赞助，应当容易办到。开会交流经验，散会了事，不及印出一本图册，效果大（好）得多。

《四人说》内容编排、印装都很有特色，只是翻起来比较费劲。

看来，你们跟纸老板关系甚好，所以得到他们赞助。洋纸较贵，影响它的销路，恐怕一时也难以解决。少数精品可以用洋纸，一般书籍尚就所宜。书卖得太贵，不是好事。

读书 **DUSHU (Reading Monthly)**
166 Chaonei Dajie
Beijing, People's Republic of China

戴文同志：

四人展很成功，使我大开眼界了，听说，就是跟过去大不一样，我们中国，善于吸收外来的东西，又又有我独特，这是中国的长处。我希望不会忽说民族将美掩盖出我。你们的位如果了以绑为一个学派，这一学派，源于东洋，我看过西方少涯传的一些包装，其特点是沉着，简练（无论用色还是绘举），似乎跟中国相近，点是希望大家都来排寒，踯在实践中更口再更上层楼。

读书 **DUSHU (Reading Monthly)**
166 Chaonei Dajie
Beijing, People's Republic of China

在三联展览这么几天，为期大短，很多人都不知道，以来在三联门市开业之时展出会有更多的人，爱好的人来参观。会只是上版发出，上均有一支不小的装帧队伍，可以同他们交流经验。

建议以张守义以会商量，由版收装帧委主司，每年编印一本《中国书籍插图装帧年鉴》，由各出版社赞助，多多寄书出刷，开会会院座谈，瀤会不及印出一本图册，效果大以多了。

读书 **DUSHU (Reading Monthly)**
166 Chaonei Dajie
Beijing, People's Republic of China

《4人谈》内容，《4人谈论篇机，印装都很有特色，可惜翻起来比较费劲。

货来，你们跟纸老板美依连好，所以以别他的赞助，洋纸很贵，对它的销路，恐怕一时也难以解决，如果装帧不用洋纸一搬口，挤两的所证，以卖价太贵，不是好办法。

范用 95

范用给本文作者的信函

　　后来范老还特意把我和吕敬人叫到他家中，给我俩看他收藏的书。我理解他的苦心，一直牢记他的教诲，默默地尽力认真实践。

　　转眼间我也是 60 多岁的人了。

2006 年 12 月 6 日

　　这是为《叶雨书衣》写的一篇文章，收在该书中。范老去世，《人物》杂志做纪念专题，嘱我为文。想到此文很能表达我当下的心情，便请《人物》以此文为我敬奠于范老灵前的一烛心香。宁成春 2010 年 10 月 8 日

（作者为三联书店美编室原主任，编审）

怀念范用同志

——我的领导和老师

● 陶 膺

　　我 1949 年 7 月进入上海三联书店《英华大辞典》编辑室，在郑易里同志的指导下做《辞典》索引的编辑工作。1950 年 7 月调来北京新华书店总管理处，分配到范用同志主管的期刊出版部的校对科工作，1952 年随范用同志调到人民出版社总编办公室做编辑业务管理工作，以后范用同志升任副总编辑、副社长、三联书店总经理，我仍然在他手下工作，

左起：徐砚华、范用、殷国秀、本文作者

一直到 1991 年 1 月从工作岗位上退下来，我在范用同志手下工作了 40 年。范用同志是我的直接领导，也是我的老师。他带领我们年轻人工作（当时在他手下工作的年轻人大都是二十岁左右，我最小，只有 16 岁），他热心地指导我们，渴望把他知道的、他的经验都传授给我们。他有极高的敬业精神，对工作认真负责，刻苦钻研，凡事从全局考虑，从不张扬，默默无闻。他的这种全心全意投入工作的精神深深地感染了我。我从范用同志身上体会到编辑、出版是传承文化的工作，一本书的出版，要经过很多环节，每个环节都是整个出版工作中的重要组成部分，都要认真做好，如此才能保证出版物的高质量。我很崇敬和尊重范用同志。

这两年他病了，我和同志们多次相约去看望他，每次和他交谈，他脑子都很清楚，总觉得他会好起来的。我心想，大家能经常去看望他，多和他交谈交谈，他的心情会慢慢好起来的，不会有什么问题的。谁知 9 月 14 日晚有同志告诉我，范用同志去世了，我蒙了，感到揪心的痛。

这些日子，范用同志的影子总在我脑子里转，我在想，范用同志是人民出版社和三联书店建设的大功臣，应该好好写一写他。但我心里很乱，初步理了一下，把我想到的几个方面写出来，以表怀念。

一、全力协助社长、总编辑抓编辑出版工作的规章制度建设

人民出版社是新中国成立后最早组建的国家政治书籍出版社，如何管理，没有现成的经验。因此，尽快建立一套行之有效的规章制度是非常重要和迫切的。

首先建立的是书稿统一登记制度。凡是书稿进了出版社的门，先送到总编室稿件科登记，然后分送到有关编辑室，防止书稿丢失或下落不明。

登记单中有一页随书稿运转，后又建立了责任卡，在哪一个环节上

滞留多少天都要注明日期，以备事后检查、总结工作。由于建社初期工作没有经验，有的稿件审读时间长，或者有的作者对稿件的评审有意见。范用同志根据作者的反映，从这两年各编辑室审读处理的书稿档案中选编了 60 个案例，打印分发给各编辑室，动员大家讨论，看问题出在什么地方，研究如何改进。

通过这件事，范用同志发现在档案管理上存在问题，原来文书档案和书稿档案不分，混在一起，按事由归档，使用起来很不方便。他从实际工作考虑，决定重新整理书稿档案，把书稿档案与文书档案分归两个部门管理。确定书稿档案以书名立档，一书一档，按编辑工作流程编排。

内容包括从选题、组稿、三级（责任编辑、编辑室主任、总编辑）审读意见、与著译者来往信件、电话记录、访问报告、向上级的请示报告、重要的读者反映和评论、检查质量记录以及著译者修订意见等原始资料。口头通知、开会讨论的重大问题，都要留有记录。出书前档案存在有关编辑室随稿件运转，出书后由责任编辑对书稿档案进行汰废补缺，编列次序整理后移交总编室编目装订归档。初期档案是按四角号码排列，后改用汉语拼音第一个字母编排，并规定已出书的书稿档案要永久保存。1986 年国家档案局发布的《出版社书稿档案办法》就是以人民出版社的书稿档案管理办法为蓝本的。

管理书稿档案时间最长的是邓宝锷同志。档案形成初期，为方便工作主要放在各编辑室，她经常去各编辑室，按书稿工作进度帮助编辑整理、码放好，保证出书后档案能完整归档，然后她要整理编目装订登记。人民出版社书稿档案内容丰富，保存完整，是她按照范用同志要求认真工作的成果。

几十年来，我们把这些书稿档案当成是出版社的历史财富精心保管。为了便于查阅，邓宝锷同志除每年编一份当年档案目录外，还建立了两套卡片：一套卡片是按书名排列；另一套卡片是按著译者姓名编排，同一著者在人民出版社出了几种书都记在同一张卡片上，一查卡片

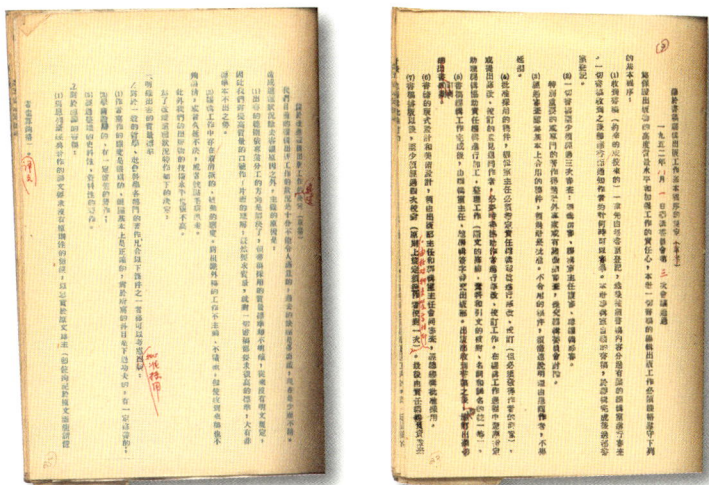

《关于改进编辑出版工作的几项决定（草案）》和《关于书稿编辑出版工作基本程序规定》

一目了然。这两套卡片上都记录了档案的编号，查用很方便。这为研究社史、出版史积累了丰富的历史资料。

1952 年由本社编辑骨干和社外专家组成编辑委员会，在社长、总编辑领导下审读重要书稿、讨论编辑工作方针和选题计划。经编辑委员会讨论，制定了《关于改进编辑出版工作的几项决定》，对书稿采用标准、如何提高书稿质量提出了具体的、明确的要求和改进措施。编辑委员会还通过了《关于书稿编辑出版工作基本程序》，规定"一切书稿至少须经过三次审查"，即现在一直为新闻出版领导部门要求的"三审制"，"至少经过四次校对"（其中作者校对一次），编辑出版工作过程每一步骤完成时，有关责任人都要在责任卡上签字等。1955 年又拟订了《特约审稿简则》。

为提高出版物质量，1953 年实行出版工作计划化，在副社长领导下专门成立了计划科，后来精简机构，计划工作划归总编室。范用同志向来重视编辑出版工作的计划性，凡事都要事前作准备，谋划周全，并亲自去抓。我手头有一份他写给我要我办的落实建国 30 周年重点书出版计划，他把办这件事情的一些设想事先告诉大家，要求各编辑室正副主任有准备地一起来讨论这件事。从他写的通知时间上看，这件事距离建国 30 周年还有 17 个月，他就想到了，踏踏实实地着手干。可惜我现在无法查到当时讨论决定的书目，说不出具体的书名。通过这件事情，我理解了无论什么事情，只要我们设想得周到一点，早作安排，目标明确，大家齐心协力，中途有什么问题，通过协商，群策群力，都是可以解决的，计划肯定是能按时完成的。范用同志用实际事例教育了我们。

1954 年 4 月，中共中央批转中宣部《关于改进人民出版社状况的报告》。人民出版社领导非常重视中央和中宣部的意见，组织大家讨论，重视加强同我国各地著作界和翻译界的联系，由各位总编辑带队，组织编辑干部分几路奔赴各地拜访专家、学者、著译者，了解他们的著译情况以及研究计划，听到很多对出版社的建议和意见，开扩了编辑的眼界，丰富了我们的选题计划以及长远规划，制定了《各级编辑工作人员的基

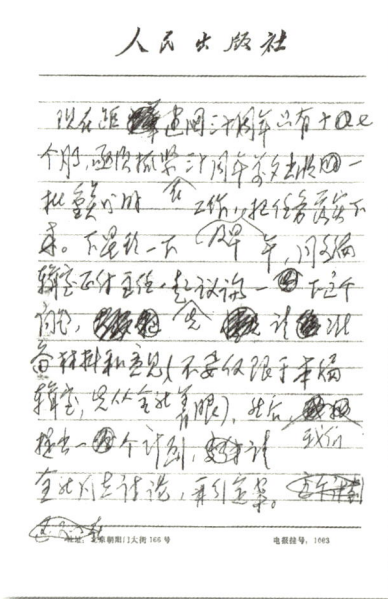

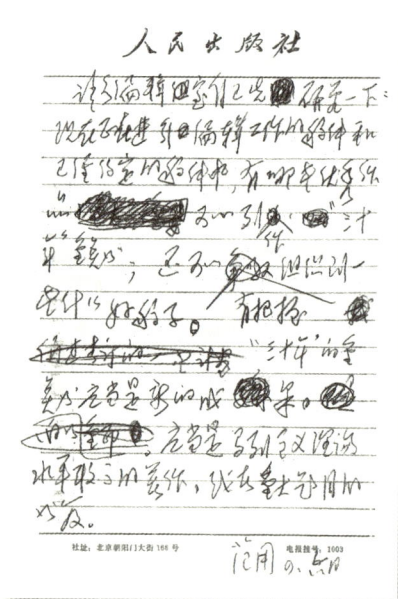

范用关于建国 30 周年出书计划的考虑

本职责》、《书稿审读办法》和《书稿加工整理办法》等有关规定。

规章制度是各项行之有效的工作经验和教训的总结，因此，不可能是一成不变的，需要不断补充、修改和完善，以适应新的工作情况。1959 年，全社总结了几年来的实践经验，将前几年制定的编辑出版工作制度重新修订，制订了《人民出版社关于书稿编辑出版工作的基本规定》，使之更系统更完善了。

1966 年到 1972 年，是"文革"将各项制度搞得最乱的几年。一些行之有效的规章制度被统统"砸烂"，处于无政府状态，人民出版社大批干部下放到湖北咸宁"五七干校"劳动。

在周总理的关怀下，1971 年开始从干校调回了大批原出版社的干部。范用同志是较早调回出版社的，仍主管总编室工作。在当时组建的领导班子领导下，重组了相关的编辑、出版、行政部门，重新拟定了人民出版社的方针和任务，狠抓了书籍的选题工作，拟订了年度计划和长远规划，以及相关的规章制度，管理工作逐步走上了正轨，出书品种逐年增加。

拟订了规章制度和计划，怎么执行是要检查的，通过实际工作才能知道哪些行之有效，哪些需要修改补充。范用同志在每个月初亲自主持召开一次生产联席会，参加者有各图书编辑室、美术编辑室、出版部、发行部、总编室的主任或副主任，汇报、讨论上个月计划执行中有什么问题，怎么解决的；本月计划中哪些是重点书，怎么安排，有什么问题等。

几十年来，人民出版社实行各项管理责任制方面的制度，培养了干部的责任心和敬业精神。实践证明，只有建立有效的工作秩序，才能提高工作效率。

范用同志还特别注重提高编辑干部的业务水平，采用编辑干部互相交流编稿、审稿的经验和方法。他从写得较好的审读意见和加工报告中选出几件，授意我编成《走廊》，贴在走廊里的黑板上，供大家阅读，一个星期后收下原稿归档。这种交流经验的办法对提高编辑工作的业务水平起了很好的作用。为便于大家保存，后改为油印，发给各编辑室。

还有，每年年终组织一次差错事故展览，把当年出版经过检查的书中发现的问题集中起来，对事不对人，让大家参观，从中找出经验教训，改进工作，让一个人的经验教训变成大家的财富。

范用同志的阅读面广，他认为有的材料值得供编辑同志参考的，就打印出来发给大家参考。我手上有当年的两份打印稿：一篇是从1972年《人民画报》第2期上摘录的书籍简介一例，内容是关于郭沫若新著《李白与杜甫》，介绍了郭老研究的一些新见解；另一篇是《人民日报》《红旗》杂志和新华社转播和播发的《天津日报》、《山西日报》和《辽宁日报》改稿示例的文章，这些文章在转载和播发时都经过精心的修改和编写，与原来文章相比，更加短小精练，观点鲜明，中心更突出、提法更准确、政策性更强。这是我们改进文风、提高编写稿件质量很好的学习材料。

范用同志还亲自抓书籍宣传工作。过去人民出版社、三联书店和世界知识出版社以及通俗读物出版社曾经一度合并在一起，在各大报刊刊登的新书、重印书、各种期刊的广告很多。重要的广告如领袖著作第一次刊登时，他都亲自设计版面，然后告诉我们这类广告该怎么设计，要突出什么，怎么能设计得美观大方，体现出版社的风格。他还重视利用本社出版的各种期刊刊登本社新书和重印书的广告。有的书有勒口，他也利用勒口登同类书的广告，既作宣传，又方便了读者。

除了在报刊上刊登广告宣传外，他还重视抓文字宣传。上世纪50年代，人民出版社总编室下设宣传科，初期有一人专管广告宣传，一人负责文字宣传，编辑《书刊介绍》铅印小报，免费供各新华书店和读者索取。范用同志既要求认真编稿、设计版面和校对，也要求准时出版。范用同志对每一项工作都是十分认真的，如他认为文字稿写得不到位，就一定要重写。我记得列宁夫人克鲁普斯卡娅写了一本《列宁印象记》，编辑写了新书介绍，他不满意，自己重新写了一份，都登在《求精》上（《求精》是继《走廊》之后，由吴道弘同志主办的编辑园地），请大家研究新书介绍应该怎么写。他要求在他手下工作的同志对待每一件工作都要认真，哪怕是很微小的事。

编辑出版工作的环节很多，如编辑室、出版部、发行部都属于大部门，而总编室下属的服务组，在整个出版社来说是个不起眼的小部门，它的主要任务是保管和分发样书，为著者购书。书出版后，社内有关部门怎么领取和赠送样书，也应该是有序的，如处理不当，发多了或发少了，不仅会引起有关部门的意见，还会加大出版社的成本。范用同志作为当家人，设想得很周到，制订了《领取样书办法》及《赠送样书办法》，规定了领取和赠送的范围、数量等。

在出版社，从编辑、出版到发行的方方面面，他都是精心地从全局考虑，从不放过细小的环节，对我们教育很深刻。

■ 二、重视培养年轻同志

范用同志对出版社年轻人的培养很重视。

记得 1950 年 7 月，我刚踏进新华书店总管理处期刊出版部的门时，范用同志给我的见面礼是一张学习马列主义基础读物的书目，要我认真阅读。当时我们小青年的学习环境是非常好的，老同志都关心我们的成长，社里组织我们学习党课、党史、中国革命史、俄语，还不时请专家学者来讲时事或有关专业方面的知识，帮助大家了解当前的形势和各专业领域的研究成果。期刊校对科还有专门的业务学习。

在范用同志手下工作，是他亲自做给我们看，然后再告诉我们为什么要这样做，这样做有什么好处，让我们理解工作的要求和自己所做工作的责任，能自觉地去做好工作。有时甚至是他跟我们一起去做。前面写到他要重新整理书稿档案的工作，他利用晚上和星期天，把总编室的小青年召集到一起，跟着他干，遇有不明白的地方提出来一起商量解决。干得顺手时，他会唱歌，有时他从进出版社大门一直唱到办公室，大家都爱听他唱，很快我们就按他的要求把档案都整理完了。

范用同志要求总编室的每个同志对工作范围内的各项业务都要熟悉，他说：做到这样，一个同志有事不在，别的同志都能顶上去，工作不会受影响。为此，他要求大家定期轮流干，每人干1个月。编务组的同志首先轮流到服务组去，从学打包、卖书开发票做起。一开始觉得没什么，能干好，实际干时发现不是想象的那样简单。就说打包吧，一个小包在手里转、翻身都可以，总能用绳子捆扎成包；但一大包书怎么打呢？那是翻不动的，硬要翻，很可能翻散了，打不成包。符合标准的包，要包紧包整齐，打得漂亮。当时没有打包机，只能靠人工打包。我们就跟朱辉同志学习打包，朱辉同志把一大包书包好包装纸后放在桌子边上，拿绳子在桌子边上转几个圈，包就打好了，而且随便拎起来掷在地上都不会散包，这真是要真功夫的，所以不能小看打包。卖书算账打算盘也要基本功，都是要从头学起。

范用同志也让我们参与编辑工作。如：要我帮他与香港、美国来的作者洽谈书稿。有的谈成后交给有关编辑室处理，如《中国文化地理》。

也有没谈成的。有的是大工程，如1978年闻一多先生的夫人写信给邓小平同志，要求筹组班子整理闻先生手稿，重新出版《闻一多全集》。（1948年由朱自清、吴晗、郭沫若、叶圣陶诸先生编辑的《闻一多全集》，由开明书店出版）国家出版局将这一任务交给人民出版社。首先是要组织编辑班子，收集手稿和资料，确定目录，拟订编辑计划等等。此事在出版社内是由范用同志负责的，他要我帮助他张罗这些事情。由于参与编辑整理工作的专家工作都很忙，人员不能集中办公，有的老先生身体还不太好，所以我要做的事是繁杂的，既要帮助编者去各方收集资料、复印，又要联系各位编者和家属，来回穿梭、协调。到1981年3月，编辑小组先后完成《天问疏证》、《离骚解诂》、《九歌解诂·九章解诂》等书稿。上海古籍出版社与闻夫人联系，要求将闻先生有关中国古典文学的论著交该社出版单行本。我社同意将上述三稿交给该社。考虑到编辑小组的困难，我社征得闻夫人同意，将1948年开明版的《全集》先重印出版，又请上海出版局欧阳文彬同志来参与这一工作，因原纸型损坏得很厉害，费了很大的工夫加以修整，到1982年11月才重印出书。1982年向中宣部报告新版《闻集》编辑工作情况，报告是经范用同志修改定稿发出的。从这件事我深深感悟到编辑同志不完全是面对一部书稿，而是要处理多方面的工作，我又一次深刻体会编辑工作的辛劳。

范用同志对年轻同志的关心，不仅限于他主管的部门。如1979年社里成立发行部，范用同志想到当时承担这一工作的大多是年轻人，很多人是初次承担这一工作，为了使他们更快地熟悉工作，开展业务，他们最需要了解本社出版的各类图书的情况。他建议总编室每月组织一次新书介绍会，请编辑同志就自己经手的当月要出版的新书，每种作五分钟的介绍，并回复发行部同志提出的问题，其他部门的同志也可以自愿参加。第一次介绍会介绍了18种新书。这种形式受到大家的欢迎。培养年轻人关心本社工作就是要给他们具体的帮助，范用同志又一次用实际例子在教育我们。

　　范用同志不仅关心社里的同志，即使调出去的同志他也牵挂他们，他们有什么困难，他总是在可能的范围内给予帮助。这样的事例很多，有办成的，有的尽管做了很多努力但没办成。三联书店成立 60 周年时出版的纪念集《我与三联》一书中，秦梦莺同志写了一篇文章，现摘录其中一段：

　　从 1949 年 5 月起，我虽然在编制上已不属三联成员了，但实际上我仍生活在三联老同志的关怀下。几经机构调整，我成为人民出版社的一员，有幸在范用同志领导的总编办公室工作，分配我处理读者来信。他要求每信必复，遇有较专业的问题都转送编辑或作者作出专业答复。对有价值的意见都要记录在卡片上，分类保存，以便书籍再版修订时参考和改正。范用同志坚持着三联书店的认真热情地对待读者的传统作风，使我体会到什么是韬奋精神。这在以后的多年编辑生涯中受用无穷。1958 年我被下放到苏北兴化县劳动锻炼，后留在当地工作，在此期间范用同志常寄书给我，使我得到关怀和鼓励。1974 年我到北京做外科手术后去看望范用同志，见他把简易帆布床支在办公室内，似乎他在病中仍坚持工作，当他得知我的家庭长期处于两地分居状态很是关心。他立即起身，一手叉腰，一手抚腹与我一同步行到老同志家中请求帮助。终于在范用同志的努力下，于 1975 年底，我那两地分居达 18 年之久的家庭得以在南昌团聚，对范用同志的这份情意我全家人永远铭记在心。

　　秦梦莺同志当时调入南昌市《星火》杂志做编辑工作，现已离休。
　　受范用同志的影响，我和韩仲民如去外地，只要我们知道当地有原人民出版社的老同志在，我们一定抽出时间去看望他们。这次范用同志病故，有的同志从报纸上得到消息，不远万里打电话来，向范用同志家属表示哀悼和问候。

▎三、非常关心作者和有关人士

范用同志对作者或与人民出版社关系密切的人士都非常关心。

在我社出版《斯大林全集》第一卷时，曾请叶圣陶先生通读了全稿。叶老认真阅读后，提出了很多宝贵意见。在叶至善先生着手编《叶圣陶全集》时，范用同志让我把叶圣陶先生写的审读意见复印后送给叶至善先生，现已收入《叶圣陶全集》。

北京大学翦伯赞先生是人民出版社的老作者。翦老十分关心人民出版社的工作，曾经提过很多建议和意见。翦老在"文革"中遭受残酷折磨而故去，他有很多计划没能完成。人民出版社对翦老是非常崇敬和缅怀的，上世纪 70 年代末，人民出版社恢复正常编辑工作后不久，范用同志即向国家出版局和北京大学党委打报告，要整理出版翦伯赞先生的遗著，并提出具体意见和办法。在北京大学历史系诸位先生的努力下，《翦伯赞史学论文选集》出版了。使翦伯赞先生为发展马克思主义历史科学而撰写的一些有价值的论文重新出版，可慰翦老在天之灵。

郑易里先生是三联书店的老领导，在上海解放、《英华大辞典》出版之后，他调到农科院工作（他原来是研究农业科学的），但他一直没有放弃对字根编码工作的研究，他是

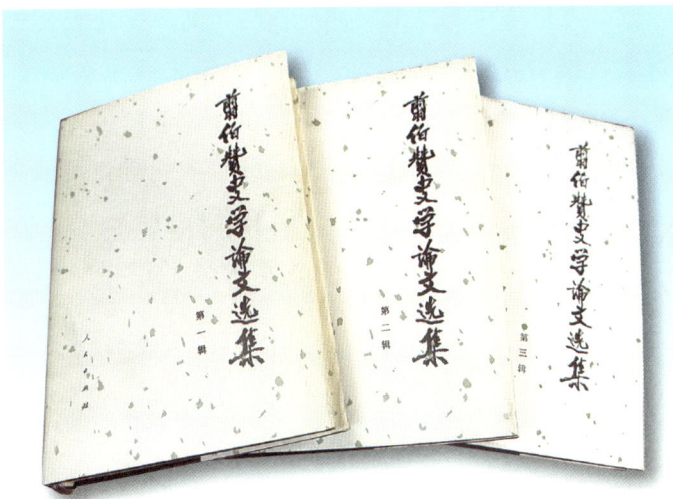

与时代同步并且力争走在前面的学者。当时计算机刚刚兴起，他想到汉字如何输入计算机的问题，便找到范用同志，请范用同志帮忙把他的研究成果印出来。范用同志找了出版社的周文熙、杨寿松同志和我一起商量，因为郑易里先生研究的"码子"大多不是完整的汉字，用打字机都打不出来，我们三个人利用业余时间分头用最原始的刻钢版的办法，把郑先生的稿子刻出来，油印装订好给他送去，这样很粗糙的东西，郑先生拿到后还是非常高兴，感谢我们帮助他解决了一个难题。1990年，郑先生的《字根通用码》通过国家级鉴定，被定名为"郑码"。

范用同志在社里分管着好几个编辑室，包括美术编辑室、总编室、资料室等部门，事情既多又杂，他还要看稿子。他本来计划每周三下午回家看稿子，但根本做不到，稿子都是带回家晚上看的。如《中国社会主义经济问题研究》一稿，薛暮桥同志送到范用同志处，他是连夜看完的，第二天一上班就送到主管经济编辑室的副总编辑江海同志手里，并与江海同志商定应薛老要求安排在4个月内出书。

总编室和范用同志的办公室相邻，他每天会到我们办公室来转几次，从来没有对我们说过什么至理名言，我们是在他的身教中得到了很多教益。我是在人民出版社成长的，从一个小姑娘变成了老太婆，范用同志是指引我成长的老师。这几十年来我没有做出什么惊天动地的大事，但我在人民出版社范用同志和其他各位领导的指导、教诲下，踏踏实实地认真工作，以诚待人，不负一个共产党员的要求，能为出版社做一些事，是我这一生最大的幸运和收获。

几十年往事如云，只能零零散散地记录一些我印象深刻的事情，以表达对范用同志的怀念。

2010年10月25日

（作者为人民出版社总编室原主任，副编审）

怀念我们的好领导范用同志

● 邓 宝 锷

　　上世纪 50 年代，通俗读物出版社与人民出版社合并，我到人民出版社总编室工作，范用同志是我们办公室主任，直接领导我们的工作。后来他升为副总编辑、副社长后，我们部门改为总编办公室。再后来吴道弘同志任办公室主任，但范用同志仍在领导我们。30 多年时间里，我们在范用同志领导下工作、学习、成长，学会了如何做人、做事。闻听他病逝的消息，我心中万分难过。他的教导我一生牢记在心。

　　人称范用同志是当代少有的出版大家，韬奋式的人物，他确实当之无愧。他一生热爱书籍，视书如命，精通编辑出版业务，对编辑出版的各个环节都是内行，甚至对编辑事务性的工作也不例外。他说：我们总编室的工作，就是为编辑事务服务的。范用同志还经常教导我们，每个人都要认识自己工作的重要性。他说：总编室的工作是承上启下的部门，也是既对内，又对外的。内对各编辑室、出版部、校对科、设计科、发行科等；外对上级领导机关、作家、译者和读者的联系与接待，甚至包括和社会主义友好国家出版社等的交流与接待。我们的举止言谈对外是代表出版社的，一定要有礼貌，要尊重他人。书写信件都要字迹清楚、工整。他说：写字不单是为自己看的，更是给别人看的。不能"龙飞凤舞"，要让人家都能认得清楚，这也是对他人的尊重与礼貌。范用同志常对我们说：我们出版社，必须依靠作家源源不断地给我们写书

稿，我们才有书可出，读者才能有更多的精神食粮，出版社才能繁荣兴旺。范用同志很真诚地对待作者，把作者看得很高位，让我们尊重作者，认清作者对出版社的重要性，是非常必要的。

我感觉总编室的业务很庞杂，头绪多，事务性也强。方方面面没有严格的制度是做不好工作的。在上世纪 50 年代，制度不够健全，是范用同志领导我们，帮助我们在工作中逐步摸索。他勤于思考，根据实际情况建立起许多新的规章制度。

一、书稿档案制度

书稿档案，一书一档。包括从选题、组稿、约稿、访问报告、电话记录、请示报告、上级指示、与作者的往来信件、来稿审读意见、编辑加工、退作者修改意见及三审（责任编辑、室主任、总编辑或副总编辑）审批意见，直至总编辑最后把关的发稿批准签字单，送出版部设计科签收的稿件单据。凡是与此书稿有关的函件等，都要按时间先后顺序排列，收集在书稿档案中。

二、建立书稿档案索引卡

1. 以书名为索引的卡片；2. 以作者、译者、编者名字为索引的卡片；3. 以出书年代为主的出书档案登记本。

以上这三种过去也有，是由几个人按编辑室分管。索引卡是用四角号码编排的，查找起来很不方便。原因一是汉字不断分批简化，二是个人对四角号码的理解也不一致。后来精简机构，人员减少了，书稿档案由我一个人管理。范用同志支持我把四角号码索引全部改为用汉语拼音索引后，大大提高了准确性和查找速度，节省了人力和时间。只要查找的人能说出书名或著、译者姓名，都可以顺利查到该书稿档案。如果两者都记不清了，按出书年代也能查到。编辑部或出版局来查书稿档案的同志，都对我社书稿档案的管理齐全、能快捷地调出表示满意，给予口头表扬。

1986年国家档案局发布的《出版社书稿档案办法》，就是以人民出版社的书稿档案管理办法为蓝本拟订的。

三、稿件登记制度

凡是寄给我社编辑部的稿件，没写明哪个编辑室的，范用同志规定由总编室拆包登记后，分送有关编辑室签收。不属我社出版范围的投稿，由总编室直接办理退稿，以免给编辑室增加不必要的工作量。这类书稿，我都要函告作者退稿理由，或建议他与哪个出版社联系，或直接帮他转去。总之都要对作者负责，都有登记，有案可查，万无一失。

四、电话记录制度

有专印的电话记录纸，左侧记录单位和个人来电事由，右侧留有适当的空白，供领导批注意见用。这很重要。有时是上级领导机关来电，如中宣部、出版署等因事情紧急先来电话通知；或作者、译者因事打来电话，我们都要及时写电话记录，送范用同志或有关编辑室办理。凡是有关书稿之事，办结后归入书稿档案，因此每本书稿的档案都能看出来龙去脉，都是很完整的。对于紧急的事情，还要记着催办。

五、访问报告记录

访问报告也有专用纸。凡是外出组稿或搞调查研究的同志，回来都要写访问报告，以便研究讨论制定选题、出书计划等。

六、平衡稿酬制度

人民出版社每一本新书的初版稿酬，都是依据国家出版局下发的《稿酬管理办法》，在出书后根据书稿的质量水平，按每千字多少元的标准，一次性给作者结算的。重印书按印数标准付酬，但每个编辑室具体掌握稿酬标准的尺度不一定完全一致。为避免同一作者在不同编辑室出的书所付稿酬标准不同，范用同志决定在总编室设专人管理平衡稿酬的工作。规定各编辑室对所出新书提出稿酬标准后，先送总编室统一把关平衡。遇有偏高或偏低的，由总编室与编辑室商榷修改。我在平衡稿酬的工作中，就遇到一个编辑室对稿酬掌握普遍偏低，几经商量，才取得一致意见。

范用同志为我们建立了许多规章制度，事事有案可查，有据可依，责任分明，使工作有条不紊。

范用同志对工作就是这样细心、认真，他是我的好领导，好老师。他热爱工作，关心干部；他平易近人，教育有方，善于培养干部；他博览群书，提倡读书要挤时间，利用睡前的时间看一本知识性、趣味性强的小册子是非常有益的。这类书的开本要小，字数不能太多，手里拿着轻而便于阅读的，便于携带的，出门可以放在衣袋里的小册子（当时人们穿的制服口袋都很大）。在他的倡导下，以三联书店（当时是人民出版社的副牌，是一个编辑室）名义出版过几套小开本的丛书，如《干校六记》（杨绛著），《牛棚日记》（陈白尘著）等多种。

我记得他的办公室里有一张床，但他从来不睡午觉。床上放了许多书稿、书籍和有关业务的东西。凡是时间性较强的，他星期日也来加班看稿子，全身心投入工作，似有用不完的精力。疲惫时，他喝咖啡提神，有时也把咖啡送到我们办公室来请大家喝。我记忆尤深的是：范用同志办公室里挂着的一幅"大胆落墨　有酒盈樽"的书法，充分体现出诗人学者的风度和气质，也恰似范用其人。印象中是他的好友、书法家启功先生赠的，记不准确了。我知道这是范用同志心爱的墨宝，也十分欣赏。我们在范用同志领导下工作，大家团结互助，积极认真，心情舒畅，以范用同志为榜样，向他学习，责任心自觉增强。例如"文革"时期，在全国"砸烂公检法"的无政府状态的大气候影响下，人民出版社也不例外，领导同志都靠边站了。各派"小将"们纷纷从书稿档案中查资料，企图寻找揪出走资派的所谓证据，大有抢夺档案之势。有人让我交出书稿档案，以供他们在八小时之外和周日的时间里查阅。尤其是一部分本市无家的单身人员，更是气势汹汹。我非常担心他们把档案弄乱，弄丢，或涂改、撕页等。因为这是出版社建社以来的一批重要历史资料，不可丢失的财产。我是管理者，有责任保管好，不能在我的手里有缺失。我决定答应他们我不休假，周日也来加班，平时加班加点，满足他们查档需要。为了档案的完整，我制订了"书稿档案借阅办法"贴在办公室门上：1.每天早8点上班，晚10点下班，星期日不休息照常工作。2.不分派别，所借档案一律不得带出办公室，不得私自带回宿舍。必须在下班前交还。3.凡借阅者按手续登记，归还时注销。4.不得涂改、损毁或缺页。

由于我牺牲了个人的全部假日和业余时间，对各派一律平等对待，大家也无意见，都比较遵守，才保证了档案的完整齐全。我尽到了职责，感到心安理得。个人虽有所失，为了工作，我觉得很值。

范用同志培养干部也是多方面的。他交往甚广，他的朋友多是各界名流和老革命，也是我们的作者。不但他与他们常交往，也高兴介绍给我们相识。我见面最多的是画家丁聪同志。范用同志总是先把我的工作优点向他人介绍，总想让我多认识、多联系一些人，便于开展工作。他曾介绍我到马海德医生和夫人苏菲女士家中去过多次，为他们传递信件等公务往来，马海德每次都留我小坐片刻。他对我说："我们已是朋友了。"又如，派我到钱锺书、杨绛夫妇家去送书，以及到李少石（原周总理秘书）夫人家去送函件等，我看到她家门框上挂着毛主席为李少石题字的门额，心中很敬仰。

我记得从上世纪 80 年代开始，我社每年都有接待香港三联书店同仁来内地参观访问的任务。来参观的人员由他们选定，参观地点也由他们选择后，事先通告我们，由我社负责接待陪同。参观的目的是为了让他们开阔眼界，认识祖国的伟大，知道中国是个地大物博、南北气候各异、物产矿藏丰富的国家。让他们用所见所闻回去做宣传工作，影响广大青年新生代和更多的人，以便为香港回归做好打基础的思想工作。这一工作社领导决定由总编室承担。参加接待的有刘珍珍同志和我。我们做了许多具体接待事项的准备工作，如联系旅馆、吃住行等日程安排，

范用给本文作者的贺卡

迎来送往的计划等事项。记得到八达岭长城那天，他们欢欣鼓舞地在长城上远望，当时正值金秋，看到长城内外景色各异，不禁大声呼喊，以为来到祖国的边境了，感到中国太大了。当我们说明情况后，他们才知道离边境还很远很远时，更是惊讶不已。

1985年夏，领导决定让我去山西太原市，接待香港三联书店另一批参观团员。地方的陪同接待人员是山西人民出版社的李之爱同志。我们共同合作，完成了任务。我认为这次派我去外地做接待工作，是范用同志对干部的信任，放手使用，是培养干部的一种做法。他总希望我们都能成为多面手，既做好本职工作，还了解办公室其他人的工作情况，必要时可以互相帮助，甚至代替，不使工作中断。

在我退休后的2003年春节，范用同志已是80岁开外的人了，还亲自写贺卡，把他老友张白山先生所赠"荆公咏孤桐诗"复印转赠予我，与我共勉，这使我非常感动。

范用同志，您是我多年的好领导，我深切地怀念你，愿你一路走好。

2010年10月6日

（作者退休前在人民出版社总编室从事档案管理工作）

回忆与怀念

109

范用同志二三事

● 孙 德 琛

范用同志是一个对工作兢兢业业、勤勤恳恳的实干家。他真正做到了为编好书出好书，鞠躬尽瘁死而后已。他的这种无私奉献、忘我工作的精神，值得我们很好地学习。现在怀念范用同志，我想起了这样几件事。

一

上世纪 70 年代以前我在收发室和传达室工作，经常值夜班。范用同志上下班我都能看到，他每天来得最早，走得最晚。当时社领导本来都有服务员早晨给暖瓶打好水放到办公室。可范用同志从来不用服务员，而是自己打水。他每天来了以后，先到锅炉房打好水，然后到收发室，把送来的所有报刊都看一遍。他看得非常快，而且常是过目不忘。看完之后他就把总编室等部门的报纸都带走。只见他一手提着暖瓶，一手抱着报纸，一边往楼上走，一边哼着小曲或吹着口哨，脚步很轻快，非常潇洒。每天下班之后，楼道里都听不到声音了，范用同志才又哼着小曲或吹着口哨，提着暖瓶轻快地从楼上下来了。他把暖瓶放在收发室，又把外埠的报刊翻看一遍才回家。天天如此。

二

范用同志对青年人的成长十分关心。上世纪 60 年代初，中央还没有发出知识青年上山下乡的号召。有知青下乡当农民，很多人还会不理解。范用同志当时就非常支持知青下乡。那时有个叫侯隽的中学生，到河北省宝坻县插队落户。范用同志经常给她写信，鼓励她，还把每期的《中国青年》杂志给她寄去一本。其实，这本杂志完全可以放在公家的印刷品里一起寄走，然后由公家一起邮资总付。可每次寄杂志他都是自己先贴好邮票，再交给我们带到邮局去，不占公家一分钱的便宜。范用同志办事就是这样公私分明。

三

1973 年我从湖北咸宁"五七干校"回出版社，到总务科工作。当时主要负责编辑出版工作的范用，曾有一段时间分管行政工作，我和他的接触就比较多了。他的工作特点是务实又具体。行政工作有两个突出的重点：一个是吃，一个是住。于是他首先抓了食堂的工作。为了进一步办好食堂，他亲自到当时已经在出版科工作的赵海书同志家里，说服他回来继续管理食堂。为了让职工吃好饭，他们想了好多办法。在原来的基础上，更加精心地安排饭菜内容，每星期一公布一周的主副食菜谱。主食增加了花样，副食也增加了小炒，职工可根据自己的口味点菜现炒，一段时间内甚至还有涮羊肉。在大家的共同努力下，食堂工作大有改观。范用同志工作特别细致，当时每个餐桌上都放了一瓶醋和一瓶酱油，为了大家使用方便，他在每个瓶子上都标注了名称，一些老同志还应该记得这个温馨的细节。

111

四

上世纪70年代，我社职工的宿舍基本上都是平房。当时宿舍分配也比较紧张，只有要结婚的职工才可以分到一间房，其他需要住房或者住房困难的职工要按工龄排队等着。解决住房困难的方法也多是调房。比如人口多了还住一间房的，可根据情况调成两间，或者换到大一点儿的房间。很少有住房困难的职工能直接分到住房。后来国家有了统建房，出版局平均每年有三四套楼房分给社里，然后再根据情况分配给职工。上世纪80年代，人民出版社和人民美术出版社在西总布胡同合建了两栋楼房，人民出版社分到四个单元的住房，除了原来住在这里的职工可以分到以外，余下的再调给住房比较困难的职工。但是被照顾的职工必须把原来的住房交出来，才可以得到新的住房。当时分房就遇到了一个比较特殊的情况。刘钧是1957年被错划的同志，落实政策回来工作，一直住在集体宿舍。他爱人在门头沟工作，也住在那里。门头沟离城里很远，交通极为不便。刘钧同志只能星期日回去。如果按规定给他分房，他爱人的住房显然不可能调给我们，即使给了我们也不会有人去住。再说，他爱人那边的住房条件如何，谁也不了解，不可能直接分给他一套楼房。刘钧同志的住房问题一时难以解决。后来，范用同志说："咱们到门头沟刘钧爱人的单位去一趟，回来再说。"于是我和范用就去了门头沟。好家伙，不去不知道，看了以后我们都很吃惊。原来他们住的根本就不是正规的房子，实际上就是当地矿工的工棚。房子十分低矮，个子高的进门就得低着头。说是两间房，面积还不足20平米。刘钧和爱人带着一儿一女就住在这里，条件非常艰苦。我们回来之后，把情况跟大家一说，同志们都对刘钧同志的困难处境表示很理解。最后决定解决刘钧同志的住房困难，不做调房处理，直接分配给他西总布胡同一套两居室楼房。如果不是范用同志想职工所想，急职工所急，并且深入实际细致调查，刘钧同志住房困难的问题就不会解决得这样顺利。

严于律己，公私分明，工作细致，肯干务实，这就是我眼中的范用同志。

2011 年 2 月 20 日

（作者为人民出版社总务科原科长）

与范用相处的日子

● 刘 大 明

范用因久病卧床，不幸逝世。适我因病住院，未能见他最后一面，也未能参加为他举行的追思会，抱憾之至，只有托吴道弘同志代为致意。

1938 年在汉口与读书生活出版社同事合影，个子最矮的是范用，前排右三是本文作者

我和范用相识，是在 1938 年春天的武汉。那时我 17 岁，他不足 15 岁。我是 1936 年冬在上海参加由李公朴、艾思奇、柳湜等先生创办的读书生活出版社（以下简称"读社"）的。抗战开始后，"读社"决定将工作重点迁到武汉，我即随"读社"经理黄洛峰先生到了武汉，社址设在汉口交通路会文堂书局的二楼。那时"读社"未设门市部，但批发业务却十分繁忙，因此陆续吸收了郑权（树惠）、欧阳锋、刘少卿（耀光）、陆良才（家瑞）、汪锡棣（晓光）、孙家林等同志一起工作。那时，正当我们在二楼忙碌——特别是打邮包（大捆的，小包的）时，我们大家不论职务高低、年龄大小，都是又唱又笑，一起动手，非常热闹，体现出我们有别于一般行业中上下尊卑界限严格的民主气氛。这时，我们就能经常看到一个小朋友在我们门口"欣赏"我们的热闹。很快我们便知道，原来这位小朋友是楼下会文堂书局经理的亲外甥。会文堂书局出售的书，大都是线装、木刻的"古书"，所以门市部读者很少，也不"热闹"，范用没处可"玩"，于是几乎天天到我们二楼来"看热闹"。一天生，两天熟，我们就招呼他进来玩，他进来后竟和我们一同干起打邮包的活儿了。我们大家都很喜欢他，就"动员"他干脆到社里来工作，他同意了，洛峰先生也同意了，他舅舅也同意了。就这样，他就成为"读社"年龄最小的一员了。

这时"读社"的同志，白天忙着社里的工作，业余时间，大都参加了各种救亡活动，如"书业界同仁联谊会"、"青救"、"民生"等，范用也就和我们一同参加活动，一起写壁报，参加歌咏队等。我发现他对画画、唱歌很有兴趣。他会给壁报画"报头"，用艺术字画标题，唱歌时对简谱一学就会。正在这时社里的编辑桂涛声同志作了"我们在太行山上"一词，刚由冼星海为其谱曲，还未发表，桂涛声就把底稿给我让我唱唱，适范用也在，于是我们俩就"头挨着头"唱了起来，很快就会唱了。记得作家周立波访问晋察冀边区后来汉，写了一本《晋察冀边区印象记》，交由"读社"出版。当中附有好多珍贵的照片，对照片的"文

字说明"，他不愿用铅字排印，却特别喜欢让范用用钢笔写出来，再镂成锌版附在照片底下印出，果然取得了很好的效果。这算是范用在出版物上刊出的"处女作"了。

1938年10月武汉撤退后，我们先后到了重庆，"读社"业务也日益发展，除上海孤岛的上海社作为"读社"印刷出版的基地外，在内地，先后在桂林、昆明、贵阳、成都开设了分社。重庆则自然而然地成为了总社。由于工作的需要，在洛峰先生主持和指导下，我和范用编起了《社务通讯》，以加强总社和各分社及各分社之间的联系交流。开始由刘少卿和我刻印，范用则进行编排和设计，并刻印标题，使这份小小的社刊的质量和形式更臻完美。这又一次体现了范用的才华。

我们到重庆后，又都参加了共产党领导下的重庆市书业界同仁联谊会的活动。后来联谊会接受党的指示，又和当时宋美龄领导的"妇女慰劳会重庆分会"的宣传组联合起来组成"重庆市一二一慰问团"进行活动。那时妇女慰劳会有经费，有办公房子，条件极好，但人员都是女士，而我们书业界联合会工作条件差，又都是男士，如果双方联合起来，则工作阵容就壮大多了。正好，妇女慰劳分会的女士，又是共产党员，于是通过双方上级组织商议"合作"，能够一拍即合。

"一二一"慰问团的主要活动，仍是宣传、歌咏、演剧、办壁报等。不论是画壁报、画海报、唱歌、演剧，范用都是积极参加者。当我们出演丁玲创作的独幕剧《重逢》时，范用是后台搞"效果"的，例如前台"开枪"，他就能够在后台一秒不差地摔响"摔炮"；当敌人军官骑着马过来时，后台就会响起由远渐近、由快到慢直至停止下马的马蹄声，那是他用一双皮鞋在后台敲打出了不同的音响和节奏，也不知他是怎么学会的。

虽然，我们都在书店工作，收入也很微薄，但最大的优势是不愁没有书报刊物阅读。范用那时没有经济负担，他几乎把所有的余款都买了书刊，还特别喜爱买各种画报。在政治学习方面，他也是很努力的。记得我和他两人曾"探讨"过"矛盾可以推进事物的发展，例如俄国有资产阶级和无产阶级的矛盾，经过斗争，成立了苏联，矛盾统一了，社会也就进步了。但没有矛盾了，那社会又为何再进步呢……"为此，我们两个"小孩"争论不休，逗得在一旁的"大同志"们发笑。

1939年初，在重庆我介绍范用加入了中国共产党，那时他还不足16岁。1940年底，我奉命和李文、王华前去太行山根据地创办华北书店，和范用分手了。直至1949年底，在我们阔别十年后始在北京"重逢"，是何等的欣慰快乐。虽然我这时已转业到工业部门，但我们的共同语言还是很多的，特别是1988年北京成立了三联老同志联谊会，我好像又回到了"出版"老家，又能和范用经常聚首了。

大概在上世纪90年代的某一天，我突然收到了范用写给我的一封信，打开一看却是一篇《打邮包》的小文章的复印件。原来我15岁刚参加"读社"工作时，曾写了一篇"少年习作"《打邮包》的小文章。在当时开明书店办的《新少年》刊物上发表了，此事我记不得在什么时候和范用谈起过，我也没有想过能再找到它。但不知范用怎么发现了，又把它复印了寄给我，使我十分感动。他对人是如此的关心、在意。

进入21世纪，大概是2002年底吧，在一次联谊会碰头会上，他给我一张报纸，却一言不发，让我自己看。我一看原来是一份香港的《大公报》，副刊"大公园"上有一篇高莽写的文章，其中提到了我们在太行山根据地用油印出版了《第四十一》的情节。于是我就此写了一篇文章，概述了当时在太行山油印、发行情况，在2003年3月份的《大公报》"大公园"发表了。范用对同志的事，就是这样关心入微。

有一次在我们闲谈时，他对我说："我别无他求，但愿能多出几本完美的好书给读者，此生也就满足了。"他那种坚毅执著的精神，给了我极其深刻的印象。有一次他拿出一个小本对我说："你给我写几个字在上面留作纪念，已有好几个老同志在上面写了……"我翻了一翻，心想写什么呢？很快就想到了他曾经表达过的愿望，于是我当即写了"希

望读到你出版的更多更完美的好书"几个字。

现在，我要说："范用，你已经履行了自己的诺言，大家都在感谢你，你安心地上路吧！"

2011 年 2 月 25 日北京

（作者为原电子工业部老干部局局长）

118

深切悼念范用同志

● 严　俊

范用走了，当陶膂告诉我这一消息时，我心痛极了。但过后，我又觉得他没有走，我的眼前出现的全是他的笑容，好像还和我说着话。然而幻觉代替不了真实，他真走了，但我相信他热爱的出版事业，将永远存在，他也将永远活在爱他的人的心中！

我是在人民出版社成立前，调入范用领导的期刊校对科工作的，遗憾的是我在范用领导下只工作了不到 5 年时间。时间虽短，但那是我生命中一段美好的时期，是我终生难忘的时期。

我们当时的工作任务很重，加班是家常便饭，但因范用布置的工作任务明确，要求具体，他又没有一点官架子，有什么问题可以互相讨论，因而工作虽然很累，但心情是舒畅的。每当工休时，当年东总布胡同进门的一个小院里，歌声、笑声此起彼伏，范用和大家欢乐与共。在这样的领导手下工作，效率岂能不高。

范用爱憎分明，为人坦诚，不说假话，他要做的事情坚决做好，他不愿做的事情，即使是政治运动，他也是能推则推。如 1953 年的"三反"运动，当时社里搞得很热闹，他却不愿介入。正因为这样，"右"这一字，老在他头上转，但他毫不在意，依然精力充沛地去干业务工作。

我虽然在范用领导下工作时间不长，但除了"文革"时期，大家都

在受难、无法联系外，其他时期，我们都有联系。范用是个极重感情的人，尽管他是出版界的名人，而且有很多名人朋友，但他没有忘了我这个无名之辈，出了书就会给我寄来，而且是他自己包，自己寄，书中必签名，这是一般的领导做不到的。现在这些书都在我的书架上，我每天都能看到它们。看到这些书，就如同见到了范用，它们将是我永久的纪念，将与我同在。

（作者曾任人民出版社校对科科长）

怀念老友范用同志

● 曹 健 飞

　　我对范用同志不幸去世非常难过。我跟他认识已经 71 年了。他 17 岁的时候，我 19 岁，那时我们就在一起。所以，范用同志走了我是非常难过的。

　　1939 年他在重庆读书出版社工作，我在贵阳读书出版社和新知出版社合开的出版社工作，那时候我 19 岁，范用大概 16、17 岁。尽管我们一个在重庆，一个在贵阳，但工作配合得非常好。我在书店里进货，他就是把重庆的出版物供应到贵阳。当时国民党反动派已经对我们进的书刊采取扣押政策，范用就千方百计，用伪装的办法，用各种各样的方式把书运到贵阳去。

　　1941 年"皖南事变"以后，贵阳书店被封了，我也被抓了进去。我那时候只是一个年轻的小店员，于是被放出来了。当时全国的书店除了重庆以外，全部都被国民党封掉，有的人被逮捕了，有的人牺牲了。但是我们在桂林又开了第二个书店，根据周恩来副主席的布置，重庆到桂林开了一个新光书店，我在桂林搞了一个远方书店。

　　1943 年到 1944 年，国民党大撤退的时候，到了桂林，范用和他的爱人就撤退到重庆，但是把书店全交给了我，我就开了第一家三线书店，叫做"兄弟图书公司"。那个时候尽管被敌人封锁，但是我跟范用还保持着联系。

1945 年，他用伪装的方式——用国民党的《中央日报》包裹，外面再用过滤油纸包好——把毛主席的《论联合政府》寄给我。那时候我在贵州，当时我请求党的负责同志到敌后去印刷。抗战胜利以后，我们从贵州撤退到广州，在广州开了"兄弟图书公司"。后来这个书店被国民党砸掉了，封掉了，我们有 5 位同志被抓，范用在重庆就支援我们。

1947 年，我回到上海，组织上派我到台湾去开书店。我在 1947 年年初到了台湾。《文萃》被封以前，他就经常把一些书刊寄到台湾来。《文萃》被封掉以后，《文萃》的房子原来是出版社的房子，范用到那边去。国民党特务把《文萃》封掉以后，在那里等着，来一个抓一个，所以范用同志被逮捕了。

从 1939 年到 1947 年，我在前方开书店，他在后方支援，做得非常好。1947 年到上海以后，我在台湾的书店，受国民党迫害，于是我就把书店关了。上海解放前，范用在读书出版社搞出版工作，那时候我在搞"副业"（当时把出版叫"正业"，把做生意叫"副业"）。

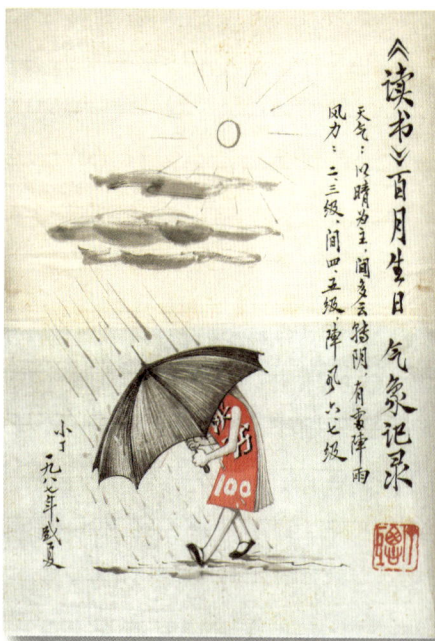

丁聪 绘

解放以后，我们都到了北京，他主要搞编辑出版工作，我搞对外发行工作。我和范用同志因为有那么多年的友谊，所以经常联系。随着"运动"不断地发生，范用一方面坚持出好书，但是也受到干扰，他创办《读书》杂志，丁聪画的那幅漫画，《读书》杂志遭遇的气候有天晴，有天阴，有多云，这说明什么问题？巴老的《随想录》在香港出版，由于受到各种干扰，后来被删改，但是范用向巴老保证一字不删。范用尽管做了那么多工作，但是解放以后，在北京做出版工作并不是一帆风顺。

范用对三联书店有非常深厚的感情。退休后，他一再表示希望三联书店能继续保持优良传统，把三联书店这个品牌保护好。三联书店现在的出版情况我不太了解，但是出的书还是好书。

我们今天纪念范用同志，希望他在出版工作上的一些好的做法能够保留，希望三联书店能够保持优良传统。

我最大的遗憾就是在范用走的时候没有能去看他，跟他70多年的友谊，最后没能见一面，我心里非常难过，但是也没有办法，希望他在天安宁。

（作者为原国际书店总经理。本文根据作者在
"范用先生追思会"上的发言录音整理）

缅怀学长、同乡、挚友范用

● 嵇 钧 生

范用先生不幸离世的消息传出后，他的故乡镇江的许多朋友以及母校穆源民族学校的老师多次给我打电话，让我代表他们向范老的家人表达慰问，并转达他们真诚的思念。

范老是镇江人，1937 年毕业于镇江穆源小学。就在他考上江苏省镇江中学不久，日本鬼子逼近了镇江，于是他带着外婆给的 8 块大洋，逃难到汉口，投奔舅公，不幸的是舅公三个月后就去世了，而幸运的是舅公家的二楼，就是读书生活出版社。出版社的大哥哥、大姐姐们非常喜欢这个活泼聪颖、热爱读书的少年，便把他吸收到出版社。从此，14 岁的小范用走上了革命的道路，并与出版事业结下了终生之缘。

范用先生自幼热爱文学，他曾给我看了留存 70 多年、他少年时代发表的 10 篇作品的剪报，从中我看到虽然有些文章还很稚嫩，但已显示出他卓越的写作才华。他曾不止一次地和我谈到他少年时代曾有过的作家梦，我一直认为以他的才华而论，他原本是可以成为一位出色的作家的，然而为了革命事业，他把自己的一生奉献给了"为他人作嫁衣裳"的出版事业。如今值得欣慰的是，虽然我们少了一位作家，却多了一位对出版界有重要影响的出版大家。

正是由于这个原因，他自己创作的作品并不多。但是我们从他退休后出版的几部书中，依然会感受到文章内容丰富翔实，文笔清晰流畅。

《我爱穆源》是他退休后早期写的一本书。书中汇集了他以真挚的感情，无华的笔调，写给母校小同学的信。字里行间充满了对母校和故乡的爱。这部书信集既是历史，更是一面镜子，许多小同学在写这本书的读后感中都表示受益匪浅，使他们懂得了要尊敬老师，热爱同学的道理，表示要珍惜时光，努力学习。作为范老的校友，我读了这本书，仿佛回到了童年时代，获得了如同当年阅读《寄小读者》《爱的教育》般的"美的享受"。

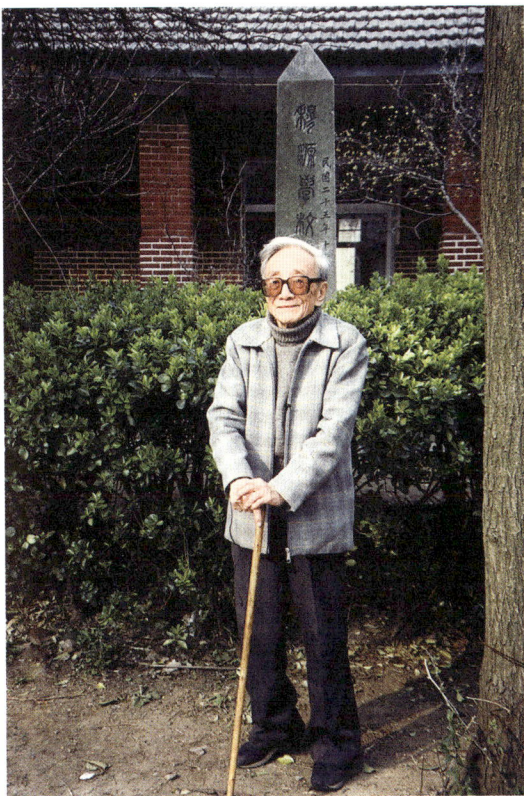

范用在穆源学校碑石前

　　"七七事变"60周年前夕，我去看望范用，谈到了抗日战争和有关抗战出版物的问题。我告诉范用，我最近看到一些历史资料，知道在镇江沦陷时日寇曾进行屠城，其罪行不亚于南京大屠杀，镇江人张怿伯曾记下了这段历史，但现在恐怕没有多少人知道了。

　　范用听后，随即去书房拿来一本小书，说这是藏书家姜德明先生解放初期在东安市场旧书店花几角钱买来的，因知道他是镇江人，便送给了他。原来这正是张怿伯《镇江沦陷记》1938年原版。

　　当时国内舆论正在大肆宣扬《拉贝日记》和《东史郎日记》，但我觉得张怿伯的精神更为可贵，比那些尘封多年才露面的外国日记更有价值，更值得大力宣扬。因此我又参考了一些资料，著文在报刊发表，同

125

时着手搜集更多资料，准备编著新版本。在此过程中，范用先生给了我很大的帮助，他不但提供了珍贵的1938年原版书，还为笔者审订大纲，直接指导工作。特别令我感动的是，为了使书的内容更加完整、翔实、可靠，他不顾年近八旬行动不便的困难，亲自陪同我专程去镇江搜集资料，联系有关人士讨论，使这本书内容得以完整充实。出版后，被镇江市委宣传部定为青少年爱国主义教材。

范用先生的"书多"是有名的，每次到他家都可以看到客厅放着一摞摞新收到还未上架的书刊。在他的两间书房中，沿墙壁竖立直顶天花板的书架上装满了各类图书，虽然看似并未分类排列，但是一切都在范用心中。有一次我要查一篇曹聚仁抗战时写的文章是否是佚文，他告诉我他没有曹聚仁的全集，但是有一些散本，就放在第几排某个位置，我一看果真如此。

范用是一个富有亲情、重视友情的人。他和夫人丁仙宝是解放前在三联工作时相识相爱而结婚的。丁仙宝是一位和蔼可亲的大姐，她虽是常州人，却是在镇江师范读的书，所以对镇江很有感情，每次我从镇江回来去看望他们的时候，他们都要问长问短。2000年9月15日，我从镇江赶回北京去看望他们，当知道我这次是兄弟妯娌十人第一次结伴返回故乡时，丁大姐说："范用没有兄弟姐妹，但是他朋友很多，过去过年寄贺年片，一次就要寄出300多份。"那天正值中秋前后，范老便去书房拿来一张用韩美林为他画的工艺猫印制的画片送给我，还题写了"钧生兄清赏，范用庚辰中秋"的字样。

不料国庆节的一早，我突然接到范用电话，告诉我他的老伴走了。我几乎不敢相信自己的耳朵，因为我知道丁大姐除了白内障影响视力，手术后已经有很大的改善外，并没有其他大病。然而当我得到确认，尊敬的丁大姐确实是于9月21日因突发脑溢血，仅仅一个钟点就离开人世时，不禁愕然。万万没想到，刚刚畅谈没有几天，丁大姐就离开了人世，而我当时为他们拍的合影竟成了最后的绝照。

范用与老伴丁仙宝在北京方庄芳古园家中

　　范老比丁大姐稍小两三岁，在一次闲谈中范老曾说过一个故事：有一次他和朋友出游无锡，谈到无锡有锡山但并不产锡的事，出了一幅楹联的上联："无锡锡山山无锡"，许多人都对不出来，范用思索后，对了："夫妻妻老老夫妻"，大家听了之后不禁叫绝。因为这下联不但与上联对仗工整，还有很深的哲理，符合中国传统所说的"女大三抱金砖"的含义，同时这也准确地表达了范用和丁大姐相濡以沫、幸福恩爱的一生。因此，丁大姐的离世对范老的打击难以言表。之后，不断有老友三三两两地去世，特别是多年的挚友丁聪也走了，这一切都对他的精神状态产生了很大的影响，以致长久以来不愿进食和配合治疗。就在2010年7月15日我陪同镇江穆源小学的老师看望他时，他还闹着要出院。没有想到这次他终于没有能出院，而是差不多在整整十年之后与爱妻在地下相聚了。

127

　　我尊敬的老学长、同乡挚友范用继我敬爱的老大姐丁仙宝之后也走了，但你们的音容笑貌，你们献身革命事业、为人民服务的精神，将永存我的心中！请安息吧。

（本文根据作者在"范用先生追思会"上作为
范用家乡代表的发言录音整理）

一个纯粹的人

● 刘梦溪

范用先生的走，我感到很突然。我跟他相交的时间不是很长，跟他认识 30 多年时间。在我的心目中、印象中，我想他是一个真正的喜爱文化的人，我想也许是爱屋及乌，因此他也喜欢真正的文化人。他是真正爱书的人，因此他也爱那些喜欢书的人，写书的人，或者是真正读书的人。

董秀玉给我的短信里讲："他是一个纯粹的人，"我想这个概括非常准确。因为在现代社会里，我们要寻找一个纯粹的人比较难，可是范先生就是一个真正纯粹的人。我想他还是一个有风骨的人。其实他有脾气，但是他所有的脾气，晴也好，阴也好，总是对事不对人。他是我们看到的文化人当中有风骨的人，这种有风骨的人也不是特别多。孟子讲的"四端"他都做到了，"恻隐之心，辞让之心，是非之心，羞恶之心"。孟子说如果做不到这四点就已经不是人了。可是大家知道，在我们今天各种背景之下，能够做到"四端"的人并不多。但在范用的身上，孟子讲的"四端"他都做到了。

我还觉得《中庸》里面讲的三句话他也都做到了，即：智、仁、勇。好学近乎智，范用先生一生好学；力行近乎仁，范用先生一生当中都是在行动当中，不是讲知行合一吗？范用先生就是知行合一的人；知耻近乎勇。范用先生身上这种好学近乎智、力行近乎仁、

知耻近乎勇，对于我们一般人来讲不容易做到。我们大家不会忘记他。

（作者为著名学者。本文根据作者在"范用先生追思会"
上的发言录音整理）

二十两黄金救出的书痴范老板

● 张　菜

给毛泽东买书的"书店巡阅使"

在一张 1938 年汉口读书生活出版社同仁的合影中，范用是个头最矮的一个，那年，他只有 15 岁。刚进镇江中学读书两个月，学校就因为要躲避日寇解散了。范用只好揣着外婆凑的八块银元，到汉口投奔在书局做事的舅公。没想到，3 个月后舅公便生病辞世，留下了范用一个人。

用范用自己的话说，这个时候是读书生活出版社收留了他，范用成了出版社的一名练习生。此后，从打包、送信、邮购到批发、门市、会计、出版、编辑……出版社的样样环节范用几乎一一经历。

1939 年，范用在重庆读书生活出版社办理读者邮购。这个工作让他很是满意："因为给读者买书，可以跑书店。"于是，范用每天都要去逛书店街，还因此得了个外号——"书店巡阅使"。

当时有从延安寄来的读者邮购信，写信人李六如，地址天主堂。延安时期，李六如曾经是毛泽东办公室的秘书长。每次来信都附有一张用毛笔写在油光纸上的购书单。同事告诉范用，从笔迹看，这书单是毛泽东的字。"那时在国统区还没有叫'毛主席'的习惯，直呼其名其姓。

也没有把毛主席的手迹视为墨宝。事情办完，这些信件、书单保存一个时期就处理了。如果这些书单保存下来，不仅对研究毛主席读书生活有用，还可以作为文物呢！"范用笑言。

有一次，范用接到一个任务：搜集章回体旧小说。他把重庆新旧书店里的旧小说搜罗了一批，交给八路军办事处转送延安。那时重庆文艺界正在热烈讨论问题，延安周扬、艾思奇、陈伯达也在发表意见，范用猜测可能是毛主席注意到了，要看旧小说。后来在《在延安文艺座谈会上的讲话》里毛泽东就谈到"对于过去时代的文艺形式，我们也并不拒绝利用"。

抗日战争胜利后，范用被调到上海，又有了一项新任务：为毛主席买书报杂志。当时，上海出版的报纸杂志有超过100种，无论"左"、"中"、"右"，每种都要买上一份，连英文的《密勒氏评论报》也要。因为常买报刊，范用交上了几个报贩朋友——"小宁波"、"小山东"。有一回在虹口，还有个报贩悄悄提醒他："今天这一带有狗（特务），当心点。"

1947年在上海做地下工作的范用还曾经和党的地下刊物《文萃》主编陈子涛、骆何民、吴承德一起被捕。去通知同志们转移的范用刚一进门，就被等在那里的特务抓住了。因为他事先有所准备，身上什么东西都没有，特务抄了半天，一无所获。范用就一口咬定自己是来小便的。"陈子涛的钢笔上刻着他自己的名字，吴承德身上有'七一宣言'的校样，骆何民被捕过6次了，后来他们三个人都牺牲了，现在南京雨花台革命烈士陵园就陈列有'文萃三烈士'的资料。我因为身上没有任何证据，最后组织上用了20两黄金把我救了出来。"范用回忆。

▌"范老板"设计的封面可以下酒

任生活·读书·新知三联书店总经理时的范用，人称"范老板"。

在他的履历表上，学历一栏总是老老实实写着"小学毕业"。虽说这个学历放到现在，绝难迈进出版社的门槛儿，可是范老板的"出版"生涯却真能从小学算起。

范用亲自操刀的第一本"刊物"叫《我们的漫画》。他在《最初的梦》一文中自述，小学的时候自己就是个漫画迷，"买张图画纸，折成课本那样大小，用铁丝骑马钉，从报纸、杂志、画报中选一些漫画，描在这本刊物上，原来黑白线，我用蜡笔、水彩、粉画笔着上颜色，更加好看，在同学之间传阅。"

这本少年范用编辑的小刊物当年有多少读者我们不得而知，但后来范老板在三联操持的《傅雷家书》《随想录》《干校六记》，乃至影响了一代中国知识分子的《读书》杂志……都赢得了无数读者的心，当然，还有他们的荷包。

现代文学研究专家倪墨炎曾经说过："我最向往的就是来自范用那里的书。和我阅读兴趣相同的一些朋友，常常会被范用弄得'破产'。他们有时买到心爱的书，会兴高采烈地说：范用这个老头策划的书，好像就是冲着我们来的！"

范用不单对书稿独具慧眼，对书籍的装帧设计也非常认真。"把人家的稿子编成一本很漂亮的书"是范用最大的乐趣。他主张"书籍要整体设计，不仅封面，包括护封、扉页、书脊、底封乃至版式、标题、尾花，都要通盘考虑"。在他执掌三联时，就常常出手为书籍设计封面和版式。

2007年2月，范用的"自选集"《叶雨书衣》出版。书里收录了他设计的67帧书衣和部分扉页、版式。"叶雨"是范用的笔名，取"业余"的谐音。

范用"业余"设计的缘起，可以追溯到少年时在汉口的时光。在上世纪30年代知名漫画家胡考先生设计封面的影响之下，范用这个漫画迷也学着画起了封面。"并非任务，下了班一个人找乐儿偷着画。一次，

出版社黄（洛峰）经理看到了，称赞了几句，我非常开心。以后，有的封面居然叫我设计了。"范用在《叶雨书衣》的自序中描述：那时他拜丰子恺为师，丰先生还曾经为他设计的封面题签。

事实上，自谦"业余"的范老板早有自己的设计风格和理念。有人评价说，范用设计的封面，可以下酒。他擅用手迹、签名、印章、框线、花笺、白描和版画，主张文化和学术书应当朴素大方："文化和学术图书，一般用两色，最多三色为宜，多了五颜六色，会给人闹哄哄浮躁之感。"

出自范用手笔的书衣雅洁大方，别具韵致。他为《干校六记》和《将饮茶》设计的封面，即是在简洁框线中绘上一枝植物白描速写，并在书名下印上作者的手写签名，做足"减法"，清新之感扑面而来。不过，倘若一本热烈奔放的书摆在面前，范用也绝不会生搬惯用的套路。他为美国心理学家金诺特的作品《孩子的心理》设计书衣时，就"一反常态"，用上了色调明媚、生机勃勃的儿童画，为书籍的内容点题。作出这种"颠覆"性设计的原因也很简单，范用曾经说过"美术编辑要读懂书的内容，把握书的性格"。

他讲过这样一个故事：有人给黄裳的《银鱼集》设计封面，望文生义画上了七八条水中活鱼。其实，黄裳的"银鱼"指的是书蛀虫，即蠹鱼、脉望。

追着主席秘书索书的"书痴"

范用对书，痴爱一生，爱之深，"责"之亦切。夏衍说："范用出的，是文人写给文人看的书。"

1963 年，三联书店出版了俄国出版家绥青的回忆录《为书籍的一生》，范用为这本书做了装帧设计。

而当这本书重印时，已经离休的范用给三联书店写了这样一封信：

三联书店出版部：

我见重版本《为书籍的一生》删去了其中的彩色插图，不知何故？是找不到版子、原稿，还是"偷工减料"。为此，我在数月前将《为书籍的一生》原文书送给你社，供你们将彩色版拍摄底片存档，以备再印时恢复原貌。现在不知道此书是否已到出版部，如已到，请你速拍摄将原书退还我保存。如未到，请即查一查。

一本书的插图，再版时随意删除，这不是一个严肃的出版社（而非书商）所应当做的。须知，书的插图是一本书不可少的部分，当初编入是有道理的。买书的人绝不愿意自己买到的书是残缺的。

范用对书籍的出版要求严格，对书友之间的"交流"也同样是借书必索。

范用藏书甚丰，黄裳就称他的书房是个"宝库"。在他的藏书里有一本连原作者艾青自己都没有的《大堰河》初版。上世纪70年代末，老诗人在范用这里见到，喜不自胜，在扉页上写下了这样的诗句："好像一个孤儿，失落在人间，经历了多少烽火硝烟，经历了多少折磨苦难，相隔了四十多年，终于重相见——身上沾满了斑斑点点，却保持了完好的容颜——可真不简单！"并写道："题赠藏书的范用先生，以志感激。"

范用藏书的名声在外，自然少不了上门互通有无的书友。曾任毛泽东秘书的田家英，也是范用的书友。常常到范用的办公室，看见好书就拿走。有一次，田家英借走了一本非常喜欢的书《艺林丛录》，看完之后，迟迟不还，范用便去追索。田家英把书还了回来，却在上面盖个印："家英曾阅。"

范用还有一张自制的藏书票：手绘的大书架上书籍满满，其中，却

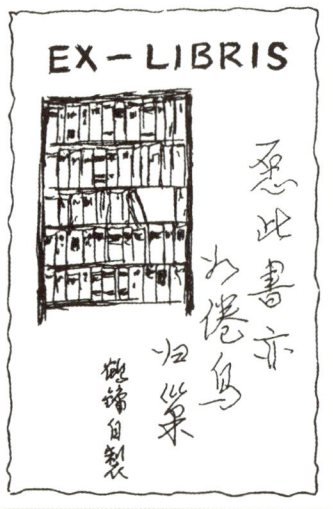

EX-LIBRIS

愿此書亦
為倦鸟
归巢

憶諧自製

范用自己绘制的藏书票

有几个空缺，边上一行手书："愿此书亦如倦鸟归巢。"他把书票贴在自己每本书上，让借书的人不好意思赖账。

范用自己爱书，也喜欢同样爱书的人。黄苗子回忆和范用的交往，最早是从公交车上因书而起的。当时两人工作的单位在同一个大院，便经常在公共汽车上遇到。黄苗子习惯在车上看书，爱书的范用就主动跟他打招呼，问他看的是什么。两个陌生人就这样因为书成了最初的"点头"之交。

有一次，一个大学生在三联偷了书，被"押送"到范用的办公室，经他"审问"，原来是个爱书的人。结果，范老板发话："这次就算了，书你拿走，钱我替你付。下次想要什么书就来找我，千万不要再偷书了！"黄苗子在文章中回忆这件事时说："我能想象出当时的情景，在一副冷面孔下，滚出的是烫人的话。"

跟丁聪互相"抹黑"的老头

夏衍说，范用哪里是在开书店啊，他是在交朋友。

1969年，人民出版社近200人被赶到鄂南接受"劳动锻炼"。到了1971年底，范用才获得"解放"。有一天晚上，忽然接到从北京打来的长途电话，要调范用回城工作。可范用一听说干校里只调自己没调其他人，立刻反应："那怎么行，还有许多有经验的行家在干校，光调回我一人有什么用？"这些老友就和好书一样，让他始终念兹在兹。范用一片挚诚所积累的人脉资源也丰富了三联的出版资源。

在范用的老友里，跟他传出轶事最多的要算是漫画家丁聪。自

1979 年创刊起，丁聪便为范用主持创办的《读书》杂志配画，整整 30 年。

范用还在三联工作的时候，在家中被夫人严控饮食的丁聪常常跑到范用这儿来"反饥饿"。当时东四一带的小馆子几乎被他们吃遍，两人还有一条不成文的约定：以西单到西四的马路为界，去路西的馆子，丁聪掏钱，去路东的馆子，范用掏钱。有时人多，就远征到丁聪家楼下吃烤牛肉；要是碰上叶浅予，就吃叶老的。

两个人有时候还在朋友面前互相"攻击"，说对方没出息，钱出得少，肉却吃得多。有一次朋友们一起去吃谭家菜，甫一落座，两个老头就开始互相"抹黑"。范用说："丁聪这人最没出息，对西方最普通的黄油、面包都不放过。人家都是在面包上抹上一层薄薄的黄油，面包为主，黄油为辅，可丁聪不同，黄油抹得很厚，像是垛在面包上。"丁聪很是不屑："你说我把面包抹在黄油上不就完了吗？"

而丁聪漫画中的范用也非常有趣：只见医院候诊室里，护士正在点名，神情愕然的众人脑海中浮现的竟是只装满了米饭的大桶。据说是护士将"范用"错喊成"范同"，而众人又错听成了"饭桶"。范用呢？只好在众人的愕然中，应声上前。

1996 年，范用在《相约在书店》的短文中回忆那些常和他在书店相约的老友时感慨：老了，都老了！曾经爬五楼到他办公室歇脚的卞之琳先生下不了楼了，每次来北京都找他谈书的戈宝权出不了房门了……

如今又十多年过去，诸多老友渐次离世。范用说，他最怕夜半的电话铃声，电话铃一响，多半又有老友要告别。可他对自己的事却十分豁达潇洒，二十年前，范用体检时疑患胰腺癌，自拟了几句告别词："匆匆过客，终成归人。在人生途中，倘没有亲人和师友给予温暖，给予勉励，将会多寂寞，甚至丧失勇气。感谢你们！拥抱你们！"

如今，离休在家的范用身体已不如前，但是他仍然关注着书和出版。现在出版业对书籍的过分装帧、过分注重包装而忽略内容的现象，范用曾有过批评。

"现在的出版界发展得很快，他喜欢的，他所追求的东西越来越少了。他出版书不会考虑市场，但现在的很多出版社却首先考虑市场，这对于他来说是难以接受的现实。有时候我觉得他还是有一些孤独感和寂寞。但恰恰是他们老一代出版人所坚持的东西更纯粹……"与范先生有过交往的李辉说。

（原载 2009 年 9 月 4 日《北京晚报》）

范用的穆源

● 雨　城

　　你可以不知道"范用"这个名字，但是恐怕不会不知道《傅雷家书》，不知道《读书》《新华文摘》，这些在读书人和写书人中影响甚广的书刊或是由他一手编辑出版或是由他主持创办。假如我要告诉你这样一个了不得的出版家的学历竟只是小学毕业，注意请扶好你的眼镜，不必大跌眼镜，是真的。"有时为了好看一点，我就写中学肄业，"范用说，其实中学只上了几天，抗战就爆发了，范用从此失去了上学读书的机会，而他是多么的热爱上学读书啊（我是指在普通学校上学读书）。

　　一个人最爱的可能也就是失去的，范用因战乱而辍学的痛也许便铸就了日后他永远的母校情结，他读书他编书或许也正因为他当年想上学读书而不能，进而经由勤奋，他从读书生活出版社普通的练习生成为三联书店的总经理，人民出版社的副社长。他一生为人出了无数书，退下后出了他自己生平的第一本书，却还是写他那六年的小学生活。《我爱穆源》，薄薄的，窄32开，加较多的图片连200页还不到。

　　范用没有中学、大学生活可以回忆可以温馨，我们揣摩范用的上小学的童年生活就像冰心先生在他的小册子封面上所题："童年，是梦中的真，是真中的梦，是回忆时含泪的微笑！"事实上当年范用所就读的穆源小学只是一所极不起眼的小学，它位于江苏镇江市的老城区，1906

年由地方名士发起，动员当地回民出钱创办的，范用是该校 1936 年的毕业生。在今天的人看来，范用那个时代的小学生似乎是早熟了，否则你不能想象四、五年级的小学生就联合其他学校的同学自己办文学刊物，组织儿童剧社，上演陈白尘先生的独幕剧《父子兄弟》，以及师生们自己编写的话剧《洋白糖》《我们来自绥东》等。到处演出，还有演讲、唱歌、童子军……所以如此梦一般的生活使人怎么舍得离去呢？看到以下范用描写毕业前心情的句子，你很难不被打动："本该是高兴的事，可是，一想起从此就要离开穆源，不再和老师同学们在一起，又高兴不起来了。上课的时候，想啊想的就发呆，放了学，也不急着回家，愿意在教室里多待一会，去老师宿舍的次数也比以前多了。校园里的一草一木，我都想多看它一眼……"在范用的意识里，这是他唯一的校园，是他心中圣洁的宫殿，然而就是这样一座宫殿在他离开学校一年之后被日本飞机的炸弹彻底的摧毁了。这样的打击之于范用颇似丰子恺家乡的缘缘堂被日机摧毁。失去的穆源使范用魂牵梦绕，1972 年他谁也没惊扰，独自一人来到镇江穆源小学，那里除尚存一块当年由他们 51 名毕业生捐建的纪念碑之外，旧时的校舍已片瓦无存，所以范用的痛恨倭寇，多少与彼者粉碎了他儿时梦幻之殿堂有关。回京后亏他想得出来，他居然用硬纸片依循着记忆，制作了当年穆源的模型。楼房平房，旗杆花坛，甚至

黄苗子题字

树木，栩栩如生。而后郑重其事地把模型赠送给镇江市穆源小学，让模型安放在该校的新大楼里，仿佛昔日穆源的灵魂重归故里，坐在京城家中的范用又可以完整地想象穆源，自由地在儿时梦境中徜徉。此后的范用还不断地在气候宜人的季节返回故里，返回穆源，他戴着红领巾和小朋友们一起唱歌、一起拍手，个头不高的他淹没在他所坚称的那些小校友当中，我亲眼看见他的眼里噙满泪水。穆源与其说是他的母校不如说是他的精神家园，他不仅自己挚爱这片家园，而且似乎有些勉强别人也来分享他

我也爱穆源

范用说：《我爱穆源》。今天来到穆源，我感到穆源比范用书上写的更可爱。

丁聪 九七年四月廿六

丁聪题字

的那一份快乐。中央电视台《读书时间》要拍他的专题，他硬把人家拉到镇江，他的"逻辑"是"要拍我就要拍穆源"。老漫画家丁聪是他的挚友，1997 年春他也硬把小丁夫妇拉到镇江来看看他的穆源，小丁在他的感染下，也戴上红领巾和范用的小校友们一起"疯"一起笑，欣然写道："我也爱穆源。——范用说:《我爱穆源》。今天来到穆源，我感到穆源比范用书上写的更可爱。"以至于一连串文化界的名人读了范用小册子之后也都对江南小城的"穆源"心向往之，似有黄苗子所谓的"大家爱穆源，穆源爱大家"之风。"穆源"成了寄托，成了象征。

接触范用是容易的，他没有在一些学界名人那里所常见的艰涩和漠然，这可能亦源于他"小学生"的谦恭，电话打到他那里可以听到直截

了当四个字"你好。范用。"人称他是"三多"先生：书多、酒多、朋友多。画家黄永玉在送他的画作上题辞说："除却借书沽酒外，更无一事扰公卿。"实际正如一位作家所说，如果说晚年还有什么扰动这位文化出版界老人的心，那一定是童年时的那个"穆源"了。任何来自穆源，来自镇江的消息都会使他立刻凝起神来。50多年前镇江的一位工厂主写了一本反映日寇暴行的小册子《镇江沦陷记》，1999年夏秋为了使这本小册子再版，他再次把人民出版社现任的头头拽到镇江，促成了这本史料性极强的小册子正式出版发行。在他看来镇江的那段历史刻骨铭心，因为他的穆源也正是在沦陷前夕为日机所毁。

范用这位看似随和的人其实情感相当苍凉深邃。回故乡时他曾到从前自家的门前看了又看，心中发问："我的父母，你们在哪里？"当年开小铺供他上穆源小学的父母早已仙逝，如今垂垂老矣的他尤对先人心存感激。是的，如若不是他们，不是穆源，后来的他亦复何言踏上著名出版家之路？亦复何言跻身京城文化名士的圈子？自然范用把后来的这一切均看得很普通，见到读书人和写书人一律真心谦称："我是一个编辑，我是为你们服务的。"

的确，在率真的范用那里所剩下的可能就是童年的穆源了。范用的外孙女在她作文里描述她的外公"看书快，写字快，走路快，吃饭快，就是喝起酒来，慢慢的……"，而那时的范用，往往很可能已借助酒的神力坠入他昔日的穆源，坠入了他精神的家园。

（原载《飞天》2002年第9期）

我想让他说……

● 叶　芳

2010 年 6 月 10 日范用在北京住院治疗，衷心期待他早日康复。

大概是 2009 年下半年以后，即使白天范用先生也绝少从他卧室简陋的小床上起来，坐在客厅那张他以前最习惯的硬木椅子上，滔滔不绝地对

范用先生 20 世纪 90 年代肖像

你叙述他的朋友的故事。现在他整天躺在那张单人小床上，这张床过去一直是他爱人丁仙宝睡的地方。范用先生现在经常弓着身体闭着眼睛，背对着来人，表示他不愿意谈任何话题。每天一顿饭（也就是一小点食物）还是在保姆连哄带骗下勉强吃进去的。现在对于他来说，白天和黑夜的区别越来越小，他甚至没有能力也无法干预别人动手去翻阅和寻找他长期保存的朋友们的信件。由于摄入的营养成分太少，一些明显营养不良的症状出现在他身上：皮肤苍白干燥，灰白的头发如枯草般杂陈在头上，他减少喝水拒绝洗澡，也不再用吸氧来减缓哮喘的折磨，蜷曲的

143

身体变得那么瘦小，仿佛他决意要无声无息地存活在这个世界上直至消失。

许多年，许多次了，他反复地说：我的朋友都死了，我现在的生活还有什么意思？这一切在范用先生的爱人丁仙宝十年前突然脑溢血去世后变得毅然决然：仿佛这是他对现实生活的明显的厌倦和拒绝。

没有一个人在他漫长的生活中会如此把自己的生命和别人的生命紧密联结在一起：我所知道的范用很长时间里总是和他的朋友生活在一起，即使他们不住在一起。他的谈话、他的爱好、他的任何活动几乎全部与他的文化界的朋友有关。我想这也许是因为他和他最好的朋友、同伴还有他的师长在很长时期里，创造的是共同的作品：一种将生命、思想、写作、出版、交往变成息息相关的生活、享乐和思考的共同的精神存在方式。

在我认识范用的许多年里，他总是频繁地和他那些著名的朋友在一起，通常是在饭桌上，因为他们都早已退休，见面聚在一起没有饭局就缺少了聚会的欢乐情趣，何况每个人的家都不足以安置下这么多人。范用先生坚定、聪明、活跃，又有点固执，做事异常有条理，同时追求高品质与高效率。他有非常好的记忆力和鉴赏力，加上他所具有的特殊地位——从事出版而成为他的好朋友的沟通枢纽：他一直是最早出版中国最好作家作品的出版家之一，并且与创作家们保持着长期密切的联系。他们是汪曾祺、杨宪益、丁聪、叶浅予、黄永玉、黄苗子、郁风、罗孚、冯亦代、黄宗江、黄宗英、许觉民、曹孟浪……这些人中除了少数，如今都已不在人世。范用的交往当然也包括年长于他的冰心、巴金、夏衍等，包括王蒙、张洁、李黎等一批年轻一点或更年轻的朋友，他们共同构成了一个独特的世界，范用的世界。

认识范用先生是在上世纪80年代中期，那是"文革"以后一段平稳发展的时期，是许多再获新生的艺术家、作家重新开启创造力的时代，一群特立独行、才华横溢的作家、艺术家、新闻工作者活跃在文化艺术界。听他们交谈，才知道曾经确实存在着一种与众不同的生活，那是一群精神创作者们坎坷但永不屈服的生活，他们曾经留下和正在创造的历史与凡夫俗子的生活大相径庭：这些人很年轻时就崭露头角、性格叛逆，后来又屡经人生风浪，却是一群始终保持着快乐天性和创造力的人。范用先生喜欢带着他认识的小朋友到处走动，所以在上世纪90年代初和范用一起，在北京一栋四合院里，我见到了虽然骨瘦如柴却思维清晰、目光敏锐的夏衍，还有一只躺在沙发上的猫（不是那只等候他出狱的猫，是后来喂养的猫）；见到了杨宪益和他太太乃迭坐在椅子上，用大口径的茶缸喝白酒——如同喝开水一般自然而滋润；还见到了丁聪房间里不断成长着的书籍——它们像春天里茂盛的植物肆无忌惮地盘踞在越来越小的空间里，不断舒展着它们大手大脚的身子，在女主人面前横行霸道，沈峻阿姨则小心翼翼地努力插进这个密不透风的空间，寻找一块可以置放一个茶杯和一碗饭的地方……

所有这些与范用有深交的人都知道范用是一个爱书如命的人，他把他的朋友都形容成书：精装书、毛边书、袖珍书、线装书、平装书等等。爱书也是因为他最懂得出版什么样的书最有价值，他自己是一个最好的阅读鉴赏家。他欣赏他那些亲密朋友的作品：从书画到文字，欣赏他们的行事风格和生活情调，毫无疑问，他是那个时代最独特和最有眼光的出版家。

范用先生当然不仅仅会鉴赏文字，所有认识他的人都知道他是一个不折不扣的美食家，上世纪80年代以后，我只要到北京出差，他就带着我到处出席他们快乐的聚餐会，这样的聚会经常选的是一家并不豪华但肯定熟悉也很有特色的饭馆，可惜现在这样的饭馆很少有了。这饭馆往往价格公道，饭菜好吃也不太贵，老板也可能是刚刚在北京站稳脚跟的异乡人，喜欢结交认识有趣的食客，找到乡音不变的迁居者，那里的饭菜总带着没有完全蜕变的乡土味。通常范用先生和他的朋友总是自掏腰包，他们在一起聚会就是一道精美养眼的风景：许多人来自南方，但

145

久居北京，偶尔有像曹孟浪这样的苏州来客，对南方的思念就变成了来年结伴去南方的约定。

有一年约定变成了一群人精心准备的结伴江南行，那次富春江之行有人民美术出版社的老编辑徐淦夫妇、原《文学评论》总编许觉民，以及龚之方、吴业祥、吕恩夫妇等人。那是 1991 年 3 月，江南正是如烟似花的时节，叶浅予先生在南方等着他的朋友的到来，他将自己的许多作品捐献给了桐庐政府，当地政府为他在富春江边建筑了一座朴实无华的两层竹木构造的房子，叶浅予便邀请他的朋友们去他这个江边别墅游玩。（说实话，这别墅之简陋今天是很难再看到的，我这几年看到的任何别墅都比这栋小楼更讲究。）这栋建筑在富春江边的竹楼，一层除了空荡的客厅，还有两个简易的卧房，为了安置这群朋友，房间临时变成了男女客房，里面放着南方常见的竹榻当床，人坐下去就会略吱作响。在多雨的早春，竹子的表面经常凝结着雾一般的水蒸气，但没有人注意到这些，范用和他的朋友们像一群被放飞到天空中的鸟儿，尽享自然之乐。白天他们成群结队去富春江沿岸游玩，叶浅予先生留在家里，勤奋而专注地在楼上创作。但他显然更像这群人的头领，表情威武、庄重但不刻板，笑的时候也不失兄长的威严和慈爱，他每天早上都要宣布当天的日程计划，其中最重要的是伙食安排，以及外出活动时需要注意的各种事项，要点是阐明什么时候可以饮酒，什么时候不可以，一般来说中午在外活动往往是要预先下达禁酒令的。老顽童们口头上自然配合，欢天喜地一一应承，迫不及待地等着出门，徐淦夫人和吴业祥夫人都很漂亮，她们出门前还会在风韵犹存的脸上稍加点缀（顺便还帮我涂抹了一下）：两处浅浅腮红和一点盈盈唇色。春天的富春江经常细雨连绵，但范用先生他们兴致勃勃，在刚刚被雨水湿润过的地面行进，没有一个看上去是老态龙钟的，即使是背脊无法挺直的曹孟浪走路也稳健快捷，到了中午坐定在潮湿的木头桌子周围，刚打捞上来的富春江新鲜胖头鱼做成了最可口的美味佳肴，热气腾腾的南方饭菜和周围美丽的景色使得这群人不知疲倦且兴高采烈。但有一次例外，那是到桐庐后的第一次出行，地点是新安江的千岛湖，游船带着范用一行人靠近了一座绿茵茵的小岛，下船后范用先生一下子窜进岛上唯一的小卖部，问有无酒卖，售货员答道没有任何酒供应。这下范用先生如泄气的皮球，开始撒赖，声称没有酒就上不了山，有数人响应范用赖在山下不动，就在山下等着看其他人去爬山。其他人笑呵呵开始登山。其实山不高也不陡，范用先生只是借题发挥，这一辈子他都喜欢喝酒，无论是家乡的黄酒、五加皮酒还是威士忌，他都很会品尝，但从来都有严格节制，谁也没有见过他酒醉，连一点醉态也没有出现过！

有了这次全无酒卖的教训后，一夜之间，外出时冒出来许多小酒壶，出门的时候放在不知哪个口袋里面。这些小酒壶各式各样，精美可爱又小巧玲珑：原来他们都带着自己的小酒壶来富春江，随时可以喝一口尽兴，全不把禁酒令放在心上，只是他们中间没有酒鬼，所以叶浅予先生也就睁一眼闭一眼不加干预。

后来有一天去富春江和新安江汇合的地方，那是富春江上风光最美丽的一段——七里泷，沿江高阁连亘，粉墙黛瓦，飞檐翘角，其间一片古朴的建筑，就是严子陵钓台了。那里水流湍急，树木郁郁葱葱，是一处幽深的景点。难得叶浅予先生也去了，一群人走过一座乡间小石桥，范用说叶浅予一直是他们这群人中公认的美男子，这时在前面气宇昂然走着的叶浅予回答：美男子有什么用，她们还不是都跑了！叶浅予是指他的后两任妻子戴爱莲和王人美的离他而去。有一位长者悄悄告诉我，叶浅予年轻的时候过桥也是这样，自己在前面走着，或许还在想什么，后面的戴爱莲却战战兢兢不敢伸脚，于是别人便担当了侠士助美的角色，而叶浅予浑然不觉。

他们就是这样在一路打趣和回忆中度过那个春天短暂的几天，这群人中有中国最有影响力的报人、作家、艺术家、演员，还有中国第一个飞机教练员，他们的记忆中满是故事，他们嘲笑一切荒唐和不公的历

史，彼此有太多相关的感受和故事。晚上，在竹楼里睡觉的时候，一群人像幼儿园里乖巧的孩子一样听话，关灯后静悄悄地不吱声，也许有人在观望窗外时隐时现的星星和月亮，听着春天柔和的风声和雨声不时掠过竹楼屋顶，即使是叹息也轻微得如同快要停歇的风儿飘过。

这个春天的范用先生是那么年轻而好动，他对我说，以后每年或隔年要来浙江，他是浙江宁波人，但从小跟着外婆在镇江生活。可惜以后他的意愿经常不能实现，他后来去得最多的是镇江的穆源小学，那是他老了愈加怀念的地方：在那里曾有他最好的小学老师还有漂亮腼腆的女同学，他一直珍藏着他们年轻时的照片。为了助兴，他还把他的好朋友丁聪夫妇拉去镇江许多次和他做伴：一起戴上红领巾和小朋友一起唱歌。他已经不想去其他地方，是不是因为年岁越大，越想念童年生活？他唯一愿意出版的作品也是写穆源小学的一本小册子，还是别人帮他出版的，但许多人公认他是个能写会画（插图）的出版家，他可以写的素材比哪个出版人都丰富，但他不理会，只管给他的朋友写信回信，还有就是编书稿。

也就在前些年，范用先生还一直坚持每月去三联书店和老三联的同志见面聚餐，但他感叹最多的还是居住在北京北牌坊胡同的日子，叶浅予先生就住在范用先生家附近中国美术出版社的宿舍里，住得很近，范用做了美味的硝肉和其他美食就拿去让叶浅予先生品尝。那时候他去任何地方见朋友都很方便，朋友找他也很容易，无数人在他家吃过他亲手准备的丰盛的家宴。每有这样的时候，范用必定先制定一份一丝不苟的菜单，采购有质量的原料，然后会有数款拿手菜出现在客人面前，他总是愿意亲手庖炙饭菜，也是因为他不放心别人做的饭菜可以达到他确信的品质。后来范用先生搬到了方庄，把别人送他的各种酒放满了一个浴盆，有人去的时候，会喝酒的，他给来人倒上一小杯酒，下酒菜已经不那么讲究了，花生米为主，兼以以他为主的聊天。有时候他煮咖啡或泡茶请不喝酒的人享用，而他乐意谈的事和人物都活在他的书里，他会在谈话中很快跑进书房找到一本与他谈话内容有关的书，飞快地翻到佐证他的说法或故事的那一页，每当这样的时候，一般人总是惊讶他记忆的准确无误，如我般见识少阅历浅、过目就忘的人只有听他讲的份，根本插不上多少嘴。有一段时期他经常对我讲台湾作家李黎的故事，他和她畅谈甚欢，还记忆犹新，她来看他，让他高兴许多日。那时还总是有这样的作家出现，范用有过许多比较年轻的朋友，他们也都记得他，想念他。

在很长一个时期作为出版家的范用先生，不仅最懂得鉴赏美文，也是最爱美的出版家，他几乎不花什么钱就可以把自己穿戴得气质出众，七十多岁的时候他还很干净利索，走路飞快。那时照片中的范用的脸部轮廓分明，一副黑框眼镜赋予他坚定性格之外一丝独特的范用式的书卷气。天冷的时候出门，他最喜欢一条红色的围巾和一件红色的毛衣，他的个人着装风格与他本人一样往往非常简洁有力。那时候的范用先生从身体到精神都干干净净一尘不染，因此我们在他以往的照片上、工作中和生活里看到的范用一如既往是那么亲切而又严谨。

可惜，不知不觉时光露出了它狰狞多变的面目。多年前，范用先生出门的时候摔了一跤，痊愈以后走路速度被迫放慢，再后来范用乐天派的老伴丁仙宝阿姨突然去世，如同生命激烈的鼓点突然哑声、停止，范用先生的心理遭受有生以来最严峻的考验，他已经停止对一个个好朋友的离世发出悲哀的共鸣，他的精神急转直下，他开始不再出门，也不再留意自己的仪表，虽然好几年前他已经写好了从出生开始的回忆录提纲，也已经整理甚至重新抄写了部分他与中国最优秀的作家艺术家长期往来的书信，但这一切仿佛如卡住的钟摆在经过漫长的摇摆后戛然终止……

如今范用先生固执地沉默不语，他的心智还活跃着吗？偶尔他会突然问我女儿田桑在哪里？20多年前范用送田桑一套红色的衣服，很长时间里小小的女儿只肯坐红色的公交车，以便和她漂亮的红衣可以搭

149

1991年3月在桐庐叶浅予的富春画苑做客，前排左起：叶明明、曹孟浪、叶浅予，后排左起：本文作者、吕恩、龚之方、吴业祥、范用、徐淦、徐淦夫人、许觉民。

配。但现在范用好像在自觉地远离我们这些曾经受惠于他的人，我们好像再也找不到和他之间联系的桥梁，找不到博他一笑的语言，更看不到他心灵深处的活动。

面对范用先生躺着的背影，我再一次感到无助，我深知我们这些粗糙无知的人没有留下多少有价值的历史给后人，我们享受着现代化的生活，虚空且浅薄，我们的后代也许也将如此？但范用和他的朋友们却留下了如此丰富多彩的历史和创造，这段历史是如此复杂多变，令他们的感受和生活如同一座无比美丽深邃的宝藏，而我们唯一的责任在于让他们健康的时候可以说而且愿意说，如果有可能的话一直说……

（原载 2010 年 7 月 30 日《文汇读书周报》）

范 用 书 情

● 刘丽华

　　一位写书的朋友称范用是"天下第一爱书之人"，这是说范用爱书爱得如醉如痴。

　　"绝版书"，这是范用的老朋友黄永玉预支给他的墓前碑文，范用又谦虚地转赠给了黄宗江。

作者与范用（摄于范用家中）

151

我们这群小字辈呢，送给了范用这样一首打油诗："老范是小范，T恤天天换，多情是我心，'情人'一串串。"这首打油诗说的是范用一因小巧玲珑，二因童心未泯，故有"小范"之称；而爱美之心，人皆有之，范用也不例外，所以每次见到范用，他总穿一件漂亮干净的T恤衫，而最了解范用的人都知道，他一颗温柔多情的心，终生都钟情于自己所爱——那一册册风姿各异，永随身畔的书，是他须臾不离的"情人"。

要说范用与书的情缘，那真是一生也解不开的"死结"了。编书、读书、结交书友，编织出范用生活的丰富之网。

先说编书吧，从1938年到读书生活出版社工作至离休，经范用之手编的书不计其数。其中巴金的《随想录》，夏衍的《懒寻旧梦录》，陈白尘的《云梦断忆》《寂寞的童年》《少年行》等老一代知识分子的回忆录，都是在范用的倡导、主持下陆续出版的，这在当时曾引起过读书界和许多知识分子的深切关注。广为读书人喜爱的《傅雷家书》《与傅聪谈音乐》《将饮茶》《干校六记》《往事如烟》《雪泥集》同样倾注了范用的点点心血。这些在时代的夹缝中诞生的书，开拓了出版界的一片新天地。至今范用一提起它们还不时透出一丝欣慰之情，因为，这是他第一次有可能按照自己的兴趣和喜好编的书，它们散发着一股浓浓的书香之气和个性品格，超然飘逸，极具魅力，为沉闷的读书界带来一股清新之气。

如今，赋闲在家的范用更多的时间是用来读书了。新书、旧书、小说、散文、随笔、回忆录、名人名作、小辈稚语，凡是他认为值得一读的书，都在他的视界之内。去年，因为车祸，他的腿被撞坏了，有段时间只能躺在床上，却依然心怀书事。每每电话打来，总问出版社又出了什么书，或者"汇报"他又读了什么书，兴致上来，还会在电话里念上一段精彩的段子，与人分享那不亦快哉的乐趣。而我们就成了他借书还书、还书借书的中间人。如果不是因为腿受伤的缘故，你准能常常看见一个瘦小的老头，背着一个大大的满满的书包，来往于出版社的资料室、阅览室，借书还书，还书借书。

凡是到过范用家的人，都会见到这样两道景致：琳琅满目的书，琳琅满目的酒。范用常常是美酒一杯，青灯一盏，好书一卷，且品且读，亦吟亦思，每有会心之处，便生无限感慨。最近，他读了一本"狂与逸"的书，又感慨起来，想起了楼适夷赠给他的龚自珍的诗句："亦狂亦侠亦温文"，便写信说："狂者，'知其不可为而为也'。我一生就有这毛病，好钻牛角尖，所以老碰钉吃瘪。逸，我是逸不起来的。"

"不过，看好书，也算一逸。"

"知其不可为而为也，"这既是范用性格的概括，又蕴含了这位爱书之人的多少遗憾啊！

"看好书，也算一逸。"又可见，读书是范用多么赏心的逸事啊！

我们这些小字辈，每到范用家做客，如果能给他带一两本书，他肯定会笑逐颜开地把你视为贵宾，为你煮咖啡，上点心，让你欣赏他的新书旧书，新作旧作，然后滔滔不绝地论书论人。这时，你可以随意地在他的大书柜前翻他的藏书，还可以乘机借他的书看，他一定会爽快地应允，当然，书一定要尽快还给主人才行。

6月底的一个周末，细雨飘洒，我正在写着一篇雨天读书的文字，词穷之际，范用的电话打来了，他说："雨天是读书的好时光"，然后，就挂了电话。我想，这时的范用，肯定又是好酒一杯，好书一卷，躲在雨声里，舒舒服服地享受文字带给他的欢乐呢。

（作者为人民出版社文化编辑室主任，编审）

多么想留住您远行的脚步

● 肖　辉

　　许多天来，我都无法从追思敬爱的范用伯伯的深深悲情中走出来，我只有一个强烈的念头：拍一套他居室的照片，仿佛这样做，我就能挽留住他远去的脚步，感受他生命的气息。

　　这已是范伯伯走后的第十天，我来到他的居室。一出电梯门便看到

本文作者与范用

小萧居然把范用
拍成这模样个样子

1988. 4.

那格外熟悉的、挂在门框上的黄苗子先生书写的"范用"实木门匾。我不禁想起往日每每见到范伯伯的情形：范伯伯爱喝绍兴黄酒，每次回来我都会带上两瓶上品花雕，一按门铃，我就会大声喊："范伯伯，我来了！"在他身体好时，他会自己过来开门，看到我带的东西，便会笑盈盈地说："又带酒啦，我还没喝完呐。"每听此语，我知道他喜欢我带来的酒，我心里暖洋洋的。范伯伯的居所属上世纪八九十年代的老建筑，

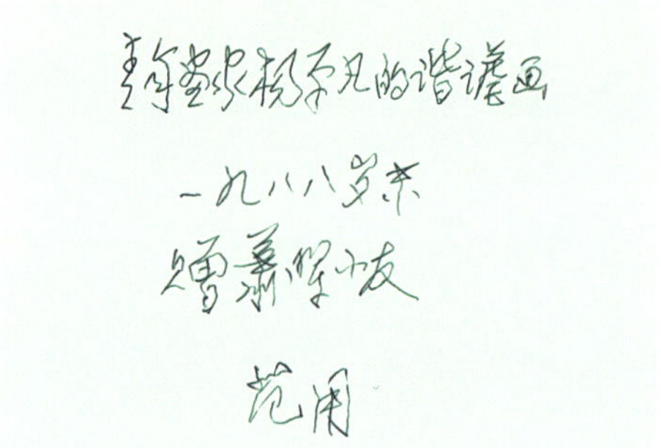

卧室作书房，满屋子的书架，满屋子的书，虽然满满当当，但放得整整齐齐。他常带我进书房，拿出新得到的书或字画，像专家讲课似地给我解说，教我鉴赏。我则如稚嫩干涸的幼苗，每每在他那里获得雨露般的滋养。范伯伯的小客厅是接待众多文化名人和文化出版界后学的热闹而又优雅之地。壁上挂着黄永玉先生给他画的画，还有丁聪先生画他的人物漫画。最引人注目的是墙边陈放的数百个大小不同、颜色不同、形状不同、国别不同的酒瓶子，错落有致、琳琅满目。世传"范用爱书爱酒"，此言不虚。他以酒会友，以书会友同出一辙。好几次我和同事被他拉到他家楼下的饭馆喝黄酒，三五个人，慢慢地品，款款地聊，他时而侃侃而谈、哲思泉涌，时而警策言约、语惊四座，使我受益良多。我多年来还养成了一个习惯，凡看到有艺术感的设计精致的酒瓶子，我都会替范伯伯留存起来。

我拍着范伯伯居室的照片，历历往事又在我脑际萦回。睹物思人，范伯伯对我如父般的亲情、如师般的教诲，像暖流一次次地温暖着我的心田，润湿了我的双眼。我之所以今天在摄影艺术上有所进益，是与范伯伯的引领分不开的。我父母亲在人民美术出版社成立初期就一直在那里工作，我从小在人美社院里长大。父亲肖顺权一生从事摄影艺术，拍了大量照片画册。我幼年时就经常跟着父亲在他办公室或暗房里玩，耳濡目染，遂生兴趣，于是也就学习和钻研起摄影来。因为都是文化出版圈子里的人，父亲与范伯伯相交多年，范伯伯对我这"小摄影师"特别关注。在我参加工作不久，他就引荐我到人民出版社，安排在美编室搞摄影，使我成为美编室年龄最小的一员。他说，一些好书必须配有好的照片，好照片和好的文字都是留给后人的历史资料。在范伯伯的亲自策划推动下，人民出版社建立起首个摄影暗房，我也成了专职摄影。范伯伯是出版大家，他对摄影其实非常内行，对角度、光线、焦距、胶卷色定等都会说出他的建议或要求。他平时喜好交友，在学术文化界组织出版了一大批名著精品。为组稿交友，他带着我去冰心、黄苗子、冯亦代、丁聪等前辈家交流和拍照，让我用相机把这些知名文化大家的珍贵影像留下来。后来每当我看到这些具有历史意义的老照片，就会想起当初范伯伯与这些名人大家交谈时的音容笑貌和举手投足的潇洒模样，而那会儿我只是个"小字辈"，在一旁静静地聆听着长辈们的交谈。

范伯伯是出版界众所周知的装帧设计家，从年轻时就画图书封面版式。他多次对我说，搞出版的要懂编辑，也要懂装帧设计，一本内容好的书要给它穿上漂亮的外衣才完美。在我摄影技术走向成熟的时候，他对我说：你会摄影，比不会摄影的人更有条件做装帧设计，你要好好学学。在范伯伯热情鼓励和全力支持下，我去了中央工艺美院专门学习装帧设计。学归后，就正式从事美编工作。范伯伯那时虽已不再分管美编室，但见到我时还常常给我点拨和指教。我则一边向老美编学习，一边自己刻苦实践，完成了一大批图书和宣传物的设计工作。如今我在人民出版社从事美编工作已25年，一些封面设计还获得了各种奖项。每遇此，我就会想念范伯伯：我是在范伯伯一步一步指教下走过来的，没有他老人家的引路，我可能一辈子也不会与美术编辑结缘，更不会有今天在图书装帧设计上的成绩！

本文作者在方庄芳古园范用家中拍摄的照片

158

范伯伯对我工作上如严师，生活上像慈父。他是严师，表现在对工作严肃、严谨，一丝不苟；要求我和其他年轻人刻苦钻研业务、积极奋发向上。他最看不惯的是在业务上浑浑噩噩、自高自大者。有一次，他设计一本有关新凤霞的书，让我帮他翻拍暗房处理加工新凤霞的照片作封面用，他的要求既具体又严格，直到他满意为止。他像慈父宽厚仁慈，表现在对年轻人尤其对我这样的后辈关爱有加。先前，范伯伯住北牌坊胡同，与我们家是近邻。周日休息时，范伯伯便施展厨艺，包他拿手的馄饨。包完后他双手托着两盘馄饨送到我家，一进门便说"给肖辉尝尝"。范伯伯每每为我"送餐到家"使我和父母亲都十分感动。小事现大德，范伯伯真是一位有仁爱之心、有仁义之德的长者。他对同事、对后辈，甚或对曾经与他过不去的人都持宽厚大度、理解包容的态度，他一生襟怀高致、光明磊落，勇于担当、遇难而上，不图名利、不求回报，是一个大写的矗立着的"人"。正因为这样，范伯伯走了，却还有那么多的人深切地追思他，怀想他。

敬爱的范伯伯，多么想留住您远行的脚步！我永远怀念你！

2010 年 10 月

（作者为人民出版社美术编辑）

"文史馆"中忆范用

● 李 京 明

　　参加完范用先生的追思会回到办公室，已过了中午。突然想写点什么，可又不知从何入手。灵机一动：就从这间办公室写起吧。

　　人民出版社 520 办公室别号"文史馆"，范用曾在那里工作了 30 年。在这间不足 15 平方米的"陋室"里，他接待过多少文化学术界的名流大家，恐怕谁也说不清。我想，即便当年刘禹锡"谈笑有鸿儒，往来无白丁"，也不过如此了。

　　这间办公室正对着厕所，"范用被同事们戏称为'文史馆长'。'文'者，'闻'也。范用打趣说，自己如入芝兰之室，久闻不觉其香……"（见《"书痴"范用：书多，酒多，朋友多》，2008 年 5 月 7 日《光明日报》，吴丛丛）

　　"文史馆"、"久闻不觉其香"皆为双关语，个中"奥妙"，我自是深有体会的。因为，我至今已在这间办公室里工作了十几年。不过，因旧办公楼近期将拆建，"其香"恐亦不得久闻矣。

　　我办公桌的对面，放着两件"文物"：一是范用当年办公时坐的那把藤椅，还有一只他用过但已没了木塞的竹皮暖瓶。2004 年的一天，他旧地重游，拄着拐杖一口气爬上了人民出版社五楼，健步来到离别已久的 520 办公室。他惊喜地发现了这把藤椅，立刻坐在了上面，一手扶着拐杖，一手拍着藤椅的扶手，喃喃地说："回家的感觉真好……"说实话，那藤椅我只坐过一下，便再不敢坐了。倒不是怕已显破旧的它支撑不了我的体重，而是因为范用在我心目中有着很特殊的印象。再者，比之"馆长"，我充其量只是个"馆员"而已，那把带着沧桑感的也许比我年龄还要大的藤椅，自然也是不配坐的。

说到范用给我的印象很"特殊"，是因为我既觉得他很远，又觉得他很近。远者，就年龄来说，他是我的父辈；就工作来说，我们没有直接的上下级关系，来出版社后与他接触的次数屈指可数；近者，那个平时走路很快，边走边哼小曲，或是吹着口哨，让人感觉十分有趣的小老头，给我留下的印象是亲切而随和的。

上世纪80年代末，范用还住在当年的东城区北排房胡同时，我去给他送过一次稿子。范用爱书、爱交朋友是出了名的。一进门，我就被满屋的书籍包围了。书柜里面放不下，就摆在桌子上，桌子上放不下，就捆了放在地上。我当时就想，这要是搬家可多麻烦呀！他热情地招呼我坐下，还动作麻利地亲手煮了咖啡招待我，搞得我非常不好意思。我

范用使用过的藤椅和竹皮暖瓶

只是一个来送稿子的普通编辑，作为前出版社领导的他，最多说句客气话也就可以把我"打发"了。可他却把我当朋友看待，而且看得出来，真的是发自内心的，这让我很是感动。

1990 年代初再去他家时，他已经搬到京南的方庄芳古园。下了电梯，第一眼就看到走廊门框上挂着一块不知他从哪儿"捡"来的没上油漆的旧木板，上面用毛笔写着"范用"，落款为"苗子"。不用说，那就是范用的家了。最让我感兴趣的是这块简陋实用雅致风趣的牌子。美术书法大家肯在一块当门牌来用的旧木板上挥毫题字，可见与主人交情莫逆。不过我倒觉得它透出了更多的信息："大家"们的质朴，纯真，恬淡，宽容，不拘小节的豪放，"老顽童"般的幽默……

记得 18 年前我还在《新华文摘》负责"读书与出版"栏目的编辑工作。我也喜欢书，便着手对这个栏目进行"改良"。主要是减少八股味十足的书评，提高栏目的文化分量，增设"新书架"和"书摘"两个小板块，为读者提供更多的好书信息。一次，"书摘"选了黄裳的《榆下杂说》部分内容。出刊后没多久，范用就兴冲冲地拿着杂志找到我，问我《榆下杂说》是哪里找来的。我告诉他，为了及时获取新书信息，我与很多出版社都建立了联系，他们会在第一时间把好书推荐给我，比如这本就是上海古籍出版社的徐小蛮同志给我寄来的。范用听了高兴地说："亏你找得到这样的书"。我理解，他这样说是因为黄裳是他的老朋友，而老朋友写的关于书的杂记更是其所爱。像我这么一个年轻人居然与他有"同好"，并且也能"淘"到这类不很起眼的书，感到多少有些意外吧。

范用家的门牌

范用对朋友的热情和真诚有口皆碑。

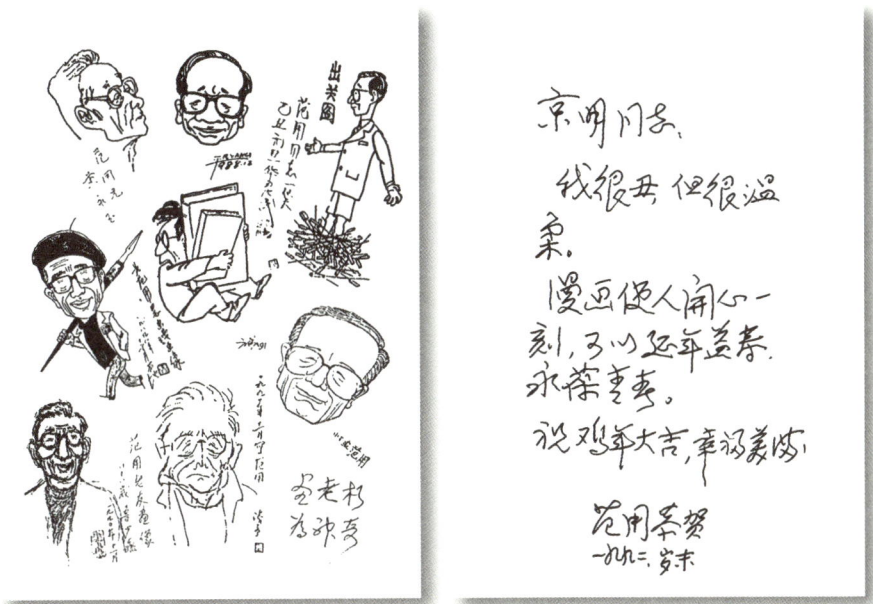

范用送给本文作者的贺年卡

1992 年末的一天，我正在办公室编稿子，只见他快步走了进来，给每个编辑送了他亲手制作的贺年卡。我接过来一看，那是一张 6 吋照片大小的铜版纸，正面印的是他的老友黄永玉、华君武、丁聪等人为他画的 8 幅漫画，下面批着："画老朽为神奇"；背面是他用钢笔认真书写的新年贺辞。

我在写这一段的时候，这张贺卡就摆在面前。我的眼睛湿润了。似我等这样"普通"的朋友，对他来说至少也有好几百吧，每张贺卡上的贺辞近 50 个字，一人一张（都是写了每个人名字的），他起码要一笔一画地写上一两万字！我只有感动，并没有惊诧。对别人来说这事也许不可思议，但范用却能做到！因为，他把朋友看得比什么都重要，他把热情和真诚无私地奉献给了他所有的朋友！反观现在，时代发展了，人们都用手机短信相互拜年，俗气的内容加"群发"、"转发"……世风如斯，又能奈何？

163

上面就是我印象中的范用。写到这里我突然发觉，文章开始时提到的他在我印象中的"远"和"近"，其意义竟发生了神奇的变化！远者，他对我国出版文化事业作出的巨大贡献是我辈遥不可及的；近者，他的音容笑貌已经深深地印在我的脑海中；他对文化多元化的勇敢追求，对工作几近"痴迷"的精神，他的人格，他的风骨，永远是我学习的楷模！

2010 年 9 月 18 日下午于人民出版社 520 室

（作者为《新华月报》杂志编辑部主任，执行主编）

一位纯粹的爱书人走了

——范用先生追思会侧记

"愿化作泥土，留在温暖的脚印里。"被巴金视为无数精品力作生长泥土的范用先生离我们远去。2010 年 9 月 18 日，北京秋雨绵绵，140 余位海内外知识界、文化界、出版界代表齐聚范用先生追思会，深切缅怀、悼念这位当代著名编辑家、出版家。中共中央政治局委员、中央书记处书记、中宣部部长刘云山派代表赴会宣读唁函并敬献花束；新闻出版总署署长、国家版权局局长柳斌杰出席并讲话。

来自知识界、文化界、出版界的代表、老出版家，人民出版社、三联书店的老领导曾彦修、张惠卿、薛德震、吴道弘、李志国，原国际书店总经理曹健飞，文化部原副部长仲秋元，国家版权局原副局长、中国版权协会理事长沈仁干，中国出版集团党组书记王涛，傅雷先生之子傅敏，著名学者刘梦溪，三联书店原总经理董秀玉，来自台北的台湾远流出版公司副总编辑吴兴文，上海出版博物馆（筹）馆长林丽成及范老家乡代表嵇钧生等先后发言，大家深情回忆了范用先生为书的一生，共同缅怀他为中国文化事业作出的杰出贡献。范用的儿子范里、女儿范又等也参加了追思会，范又代表家属发言。

"范用先生是一位纯粹的爱书人，常人无法想象范先生拿到一本里外都美的好书时的快乐心情，恨不得晚上睡觉也搂着。在范用先生的脑子里，根本没有比一本好书立刻出版并交到读者手里更重要的事了。"

作为追思会两主办方（人民出版社、三联书店）代表，三联书店副总经理、副总编辑汪家明这样评价范用先生。人民出版社原副社长、副总编辑庄浦明在会上宣读了范用先生 1989 年写给人民出版社的遗嘱与自拟的讣闻。范用先生在 1989 年就已决定，自己身后不举办任何哀悼活动，遗体捐献。会上还放映了由中央电视台制作的关于范用先生的专题片《大家》（剪辑）。

参加追思会的知识界、文化界人士还有著名学者李洪林、吴泰昌、李辉、王春瑜、汪曾祺先生之子汪朗、董竹君之子夏大明、郑超麟先生侄孙女郑晓方等。

率团在台湾参加书展的新闻出版总署副署长邬书林专门打来电话表达哀悼与敬意。著名作家王蒙、刘再复，出版家蓝真、陈万雄、刘杲，巴金之女李小林，曹聚仁之女曹雷等诸多范用先生的生前好友发来唁电，中国出版工作者协会、上海巴金研究会、韬奋基金会、上海韬奋纪

2010 年 9 月 18 日，范用先生追思会举行

新闻出版总署署长柳斌杰（中）在会上发言

念馆、出版博物馆（筹）、三联书店（香港）有限公司等多家机构发来唁电。中宣部新闻局局长张小影、出版局局长陶骅、新闻出版总署出版管理司司长吴尚之等送了花束。正在台湾工作交流的人民出版社社长黄书元、三联书店总经理樊希安也发来唁电。黄书元在唁电中说："范用先生所坚守的出版理念，他的精神风骨、大家风范深深影响了一代出版人。我们人民出版社将会继承范用先生遗志，坚持'为人民出好书'的宗旨，兢兢业业地把出版事业做好。"

追思会由人民出版社代总编辑辛广伟主持。中宣部出版局副局长刘建生，新闻出版总署办公厅主任刘建国、人事司司长余昌祥、出版管理司副司长朱启会、离退办副主任刘燕卿等也参加了追思会。

人民出版社、三联书店参加追思会的老领导和现任领导还有：倪子明、杨柏如、田士章、张小平、陈有和、沈水荣、于青、李春生、乔还田、潘振平、李昕、翟德芳等，人民出版社中层干部和职工代表等也参

范用先生追思会会场（局部）

加了追思会。

范用先生辞世后，新华社、中央电视台、《光明日报》、《文汇报》、《北京日报》、《新京报》、《京华时报》、《北京晚报》，以及人民网、新华网、中国新闻网、中国网、凤凰网、新浪网、网易等众多媒体纷纷刊发文章，回顾范用先生与书相伴、倾情出版的一生。

（综合 2010 年 9 月 20 日《中国新闻出版报》
和相关材料，李京明整理）

下 编

范用文稿选辑

只 有 一 年

弟弟：

很久就想写这封信，一封无从投寄的信，它藏在我心中已经几十年。

60年前，1935年夏天，你和我，两个同龄的孩子到了一起，我们转学到浙江同乡会小学，上四年级。

开学那天，我俩个儿矮，坐在第一排课桌。一个女生跟一个男生紧挨着坐在一起，不知道你愿不愿意。我偷着瞅你，你对我笑了一笑，挺大方。从此，我们做了朋友，后来成了最要好的朋友，你说的。

我们在一起温习功课，做练习题，默书，交换看作业本。期中期末考试，你的成绩全班第一名，总分比我多。我自认比不上你，老师夸赞你，我一样高兴。

我们爱上国文课，爱做作文。每回发还作文本，要紧看看打了多少分，老师怎么改的，评语说些什么。我们又推敲一番，把作文改得更通顺更生动一点。到现在，我写东西，还有这个习惯，跟你学的。

我们另外买了本作文本，把两个人的作文工工整整抄在一个本儿上，每个题目两篇作文。我在封皮上画了一对小燕子。老师教的歌，有这么一句："飞到东来飞到西，好朋友，在一起，相亲相爱不分离。"我们就是小燕子。

每天放学，我和你一块儿走，送你到家门口。路上，买三个铜板烘

171

山芋，一人一半，边走边吃，山芋真香真甜。

你特别爱干净，衣裳总是整整齐齐。我就差劲，棉袍下摆破了，挂下棉花，你会笑着提醒我："卖猪油了！"还有一回，你递给我一本书，里面夹张纸条，没有字，画了个大鸭蛋，我一看就明白："卖鸭蛋"了，破袜子的后跟露出来了。你要我补补好，不喜欢我邋遢相。

冬天，你戴个鲜艳的桃红色绒线帽，在下巴打个蝴蝶结，又围上一条雪白雪白的羊毛围巾，把小脸蛋衬托得格外好看，就好像童话里的小公主。

我呢，戴顶罗宋帽，看上去脏兮兮，拉下来露出两个贼眼睛，脖子上套个黑项圈，一身打扮像个小学徒，可你从来不嫌我。

你有个橡皮热水袋，上课时，你偷偷从课桌底下递给我，让我也暖暖手；我的手冻得像胡萝卜，还长冻疮。南方冬天不好过。

我喜欢你写的字，尤其是小楷，秀气得很，就像你这个人。我想学你，可是笔到我手上，就是不听话，写出来的字，笨头笨脑，蹬腿伸胳膊，总是出格。

星期天，音乐老师张天一先生要我们几个学生上他家里玩。张先生家很有点艺术气氛，墙壁涂的淡绿色油漆，挂着水彩画。小书架上站着一个断了胳膊的石膏像，张先生说，她叫维纳斯。有一种图画铅笔，笔杆上烫的商标就是维纳斯。

张先生教我们玩乐器：拉二胡，弹风琴，吹笛子，吹口琴。

我们吹口琴着了迷，口琴揣在口袋里，一有空就吹。有首美国乐曲，吹起来特别来劲。它的中文歌词，开头一句是："记得我呀小时候，家住在那丁香山里，那里真好玩！真好玩！真好玩！"还有几首外国歌曲《苏珊娜》《可爱的家》，吹起来也很好听。你有支"真善美"牌口琴，后来送给我，成了我心爱的东西。

张先生说：中国乐曲用二胡拉才够味。我们学拉《小桃红》《昭君怨》，后来知道是广东音乐。

我二胡拉得不好，在家里拉，妈妈说："吱咕吱咕，烦死人！"我告诉你，你笑得不得了。"吱咕吱咕"是街上补碗拉的声音。

张先生健在的话，也八十几了。老师！学生怀念您。

学校隔壁是伯先公园，不收门票，随便进出。我们家在附近，夏天，吃过晚饭，带把大蒲扇到公园乘凉，坐在荷花池边，看天上眨眼睛的星星。

"我叫你星星，好不好？"你说："你是星星，天上星星再多，我也能一眼看到你是哪一颗。"

真巧，我是热死人的三伏天生的，乳名就叫伏星。

听人家说，活在世上的人，天上有他一颗星，死了才掉下来。

"好啊！那我叫你弟弟。"我说。

你是个女孩子，可是我愿意叫你弟弟，觉得这样自然一些，倒不是因为别的。我们那时候，女生跟男生随便在一起玩，不像现在分得那么清。我们是孩子，天真无邪，感情是纯洁的，你说是吧？我跟男同学也做好朋友，但更愿意跟女孩子，跟你在一起。女孩子家文静，跟你在一起，就不能那么浮躁，也变得文静了。

你父母是基督教徒，教堂和学校在一条马路上，星期天，你跟着爸爸妈妈上教堂做礼拜，我也去，和你坐在最后一排，我是去听唱歌的。那徐缓的曲调，伴和着风琴，很好听。后来，到上海，我也上教堂听唱歌，那是唱诗班童声唱的，不仅是音乐的享受，似乎从歌声中，朦朦胧胧也能获得心灵的慰藉，歌声有种感染力，把我带到安谧的境界。

假日，我们上北固山。那时，北固山难得见到游人，是个好去处。我们看横流的大江，望天际点点白帆，在小树林中漫步。江上传来轮船的汽笛声，划破林中的寂静，又把我们带到老远老远。

你在亭子里假寐，我为你拂赶脸上的小蝇子。从你微动的眼皮和睫毛，从嘴角浮现的一丝微笑，看得出你在想什么哩。

我们谈梦想，谈明天，尽管模模糊糊，却愿意让对方知道自己的想

法。有一点我们想到了一起：长大了当老师，跟小朋友在一起。你愿意教"国语"，教"自然"，我的兴趣是教"社会"（历史）、"图画"、"劳作"、"唱游"。我们谈得挺认真。到后来，装做老师的样子，你叫我"范先生"，我叫你"杨先生"（那时不兴叫老师），还一鞠躬，乐得哈哈大笑。

我们同窗仅仅一学期，但在一年之中，有几件事我终生难忘。我越发感到你是我的好弟弟，亲爱的弟弟。

你一定记得，那个最老实的小同学郑宝和，走路有点儿瘸的。另一个外号叫"小坏蛋"的，欺侮宝和，故意学他走路，把宝和惹火了，给了他几拳。"小坏蛋"眼皮下头青了一块，家长告到学校里。那位成天板着面孔，从眼镜底下斜着眼睛看人的训育主任蒋先生，在课堂宣布要处分宝和，罚他停学一天。同学们都认为不公平。

这一天，蒋先生点名，点到郑宝和，谁都没有料到，你会抢在宝和前头大声答应："到!"一下子，课堂的空气像凝固了，都不做声，蒋先生站在那里很尴尬。你用这种方式打抱不平，替大伙儿出了口气。这件事不了了之，没有处分宝和，蒋先生也没有批评你。

这叫我看到你的性格另一面，你有胆量，比男孩子勇敢。

再一件事，市面上抵制日货，我家开小百货店，你要我跟爸爸讲，不卖东洋货。我回去讲了，爸爸倒也答应了，把店里卖的几种东洋货，野猪牌蚊香、带发条的小玩具，报给商会处理。爸爸知道是你的意思，他也喜欢你这个小姑娘，说你懂事。你还带头叫同学们不用东洋货铅笔，我更加佩服你。

有一天，上公民课，我在课桌底下偷看小人书，正看到薛仁贵满门抄斩，薛刚反唐，放不下手，给蒋先生看到了，叫我站起来回答刚才讲的课。他没有想到我这个人有点鬼聪明，能够一脑两用，居然大致不差讲了一遍。本来可以过去，可我嘟哝了一句："有什么了不得。"这一来，蒋先生不饶我，叫我面对黑板罚站，放学也不准回家，同学们都走

"谁都没有想到，你会抢在宝和前头大声答应："到！"" 丁聪　绘

光了，你一个人还坐在那里，陪伴我，等我一同回家，等到天快黑。

回家的路上，我们拉紧了手。你学我的样子，把眼睛翻上去说："有什么了不得。"你乐了，我也乐了。一肚子的气跑得干干净净。

还有一件事，我一直记在心上。那是秋雨连绵的时候，跟平日一样，我们还是最早到校，愿意两个人在教室里待一会。这一天，我先到，站在教室屋檐下等你。你来了，走到我的跟前，突然扑到我的身上，抱住我，两个大眼睛盯着我，马上你放开了手，没有说话，走进教室。我愣住了，心想大概下过雨砖地长了青苔，你差一点滑倒才抱住我。是的，是这么回事，你是我的弟弟嘛，抱抱我有什么关系。当然，当着别人的面，会难为情。后来，我们都没有再提这件事，但是我常常想起它。60年了，至今想起来，好像是昨天的事情。

初小毕业，我们在小礼堂行了毕业礼，唱张先生刚教会的《毕业歌》，唱到"我们今天是弦歌在一堂"，我的鼻子酸了，忍不住掉下眼泪，难道我们再也不能天天在一起！

老师带我们到公园拍照，大家围绕在荷花池边假山，我和你隔着一块石头靠在一起，看起来还是紧挨着。我和你只合照过这一张相片，经过战火，却没能够留下来，永远遗憾！

下面，我要写到伤心的一页。我从来没有对你讲过，不讲你也知道，你也伤心。

我头一回上你家，见到你父母，恭恭敬敬鞠了个躬。你爸爸看了我一眼，鼻子里哼了一声，没有再理我。我没有放在心上，反正咱俩是好朋友。

后来你告诉我，你爸爸问了你我家的情况。以后我又知道，你爸爸在海关做事，海关归洋人管，在原先英租界。那时候，吃海关、洋行饭高人一等，捧金饭碗。而我家是做小买卖的，他会有什么看法吧。

第二年春天，我的爸爸病死，欠下了一大笔债，店铺给债主们拍卖了，我家成了破落户。终于，你父亲叫你少跟我来往，你没有听，还是把我看作好朋友，甚至更加亲密了，安慰我，鼓励我。我了解你，弟弟，你不是那种人。

可是，我的幼小心灵却因此受到极大的伤害，蒙受屈辱，我发誓再也不进你的家门，我不想再见你的父母，尽管你一再要我去，可我怎么也想不开。

你想尽办法逗我，让我高兴，要我欢欢喜喜跟你在一起，可是我默不作声的时候越来越多。失去了父亲，一家三口人，两老一小：外婆、母亲、我，无以为生，为升学发愁。你说我好像变了个人。是啊，你不

"我头一回上你家，见到你父母，恭恭敬敬鞠了个躬。" 丁聪 绘

知道我心里是什么滋味，弟弟！

跟着来的更大的打击，暑假中你家突然搬走了，人去楼空，邻居说是去了上海。就这样，再也见不着，你仿佛从地球上消失了。以后就是"七七"、"八一三"，我一个人出外逃难，远走他乡，更是生死茫茫两不知。

我到穆源小学读高小，可是心还留在浙江同乡会小学，还留在靠马路的那间教室里。我常常到学校门口发呆，以为你会从学校里走出来，窗子里会传出你的笑声，喊我的名字。然而，这只能是我的幻想，我在心里一遍又一遍呼唤你：弟弟，我的好弟弟！

1936年，在一位老师的引导下，我爱上了文学。我读到一本丽尼

的散文集《黄昏之献》，摹仿着也写起散文，老师拿去用"帆涌"的笔名登在《江苏日报》副刊上。现在我还留着这十篇散文，贴在一个本子上，我带着它走过许多地方。

文章写得十分幼稚，但是它记下了我对你的感情，记下了我们相处时曾经有过的欢乐，也记下了我的悲苦与伤感。我用大人的口气，空洞的语言，甚至不大通顺的句子来写，没有人看得懂，弄不清楚在说些什么。我只想宣泄苦闷，一个少年的苦闷。这是"失败之歌"、"恼人之曲"，是"说不出的故事"。我写道：

　　我曾经爱过一个年幼的孩子，他的名字我忘了，我的记忆已染上了黑色之幕，我恍惚于最深的失望之中。
　　我为他写过十篇散文，在这十篇散文之中，我已经深深感到人生的渺茫，我的伤感都先有一番热烈的感情。(《说不出的故事》)

　　开头几篇，我竭力用明亮的色彩、欢愉的调子来写：

　　我说是美丽的小鸟，才比得上他的活泼，驯良的小绵羊，才够得上他的温柔。
　　我说是小鸟，你比小鸟还可爱。我说是绵羊，你比绵羊更疼人。小斐斯弟弟。你低低地吹那支琴，我被你的音乐所沉醉。(《小斐斯弟弟》)

　　我将要带你到最乐的园子里，你把这朵花的名字记住，把它放到怀里。
　　你睡在正甜的梦中，做美丽的梦，比世上任何的梦都美丽。(《梦》)

178

以后，我将要永远带着你，带着你，你拉紧了我的手，我也拉紧了你的手。(《一封未发的信》)

唱春天快乐的歌，你们已经睡在春之乐园里了吧？

我们的春天，你们的春天，大家的春天。我们正躺着和春天谈天，你听。(《春曲》)

在受了屈辱之后，我满腔悲愤，我不甘心，我要大声叫喊：

梦，我爱梦，我尤其爱第一次记忆中的梦。

梦中，高山托在我掌心毫不吃力，把滔滔的大水转回了东流的方向。我放下大山，压倒我讨厌的许多东西。大海在我的指引下，冲撞更多的岩石。(《梦》)

大海，我愿意赶程，在你的怀抱里。大海，咆哮吧！世俗所不能见到的狂吼，终于在海上见到，如山倒地崩之海啸，比平静无波有趣。

海给我太刺激了，我愿意做船手，划我俩于大海之上。(《我要做船手》)

可是，命运是残酷的，现实告诉我，无能为力，我是柔弱的，就像一株小草，我叹息，伤感：

二月的蓝天，流过一朵白云，接着又跟上来一朵。我向流云低诉旅人的悲哀，旅人啊，你只想放歌，你的歌喉却嘶哑了。(《旅人的心》)

天上，我默数着一粒、两粒、三粒……晨星。

朋友，我失掉了记忆之花，他在我记忆中失掉了。

我仍然寻找，可是我见到前程的迷茫。

天上，我默数着一粒、两粒、三粒……晨星。(《寻找之曲》)

　　这一扇封闭着的破窗，我将要尽我全身的力量打碎它，让可爱的阳光洒到我身上。终究我是失望了，我的巨掌已失掉力量。

　　记不清是春天还是秋天，我踏在荒凉的山头。我隐隐听到有人叫我的名字，我掉过头，才看清是一个老早认识的朋友，但我叫不出他的名字，我愣住了。好一会才将步子移到他的面前，但他已经走失。一幅黑暗的画，张在我的面前，只看到那画上是一块浓重的墨色，压住我的心，使得我昏沉，失去了知觉。我终究推不开这幅画，我永久沉没在这黑色的画面之中。(《说不出的故事》)

　　弟弟，我抄录这些童年写的不成样子的文字，是想让你知道，自你走后，或者说我失去你之后，做过什么样的噩梦，陷在多大的痛苦之中。别人看了，也许会好笑，觉得做作，无病呻吟，而你是看得懂的。我只想对弟弟诉说衷情，弟弟，请倾听我的心曲！

　　十多年前，看电影《城南旧事》，影片中的那个女孩子，小英子，从她的穿着，她的模样，可以看到你的身影。那校园，那歌声，"长亭外，古道边，芳草碧连天……"把我带到60年前，想起那不能忘怀的江南旧事。看完电影，好几天，我恍恍惚惚，心里只有弟弟，我的"小英子"。

　　如今，我们都已经是七十开外的老人。岁月冲刷，留给我的是一头白发，满额皱纹，背也有点驼了。但是，只要生命之火一天不熄，为你，为我的弟弟，一颗童稚之心永远不会泯灭。

　　我不知道你是否跟随父母皈依基督教，成为虔诚的信徒。你会为我祈祷，我相信。神定会赐福于你，上帝与你同在，我愿。我希望你生活在幸福之中。

180

　　我打青年时候起，接受了无神论。我不信天国有乐园，彼岸是净土，也不信"宗教是精神鸦片烟"的说法。但愿在世上，在崎岖坎坷的人生旅途，人与人以善相待，彼此关怀，互相扶掖。这跟基督教义中的爱心，是否相通？我不是宗教信徒，但我尊重宗教感情，认为那是一种令人起敬的情感。人，光有良知不够，还得有感情，人之可贵在于此。只认得钱，其他漠不关心，可悲又可悯。终极关怀，还是一个值得认真对待的问题，在这方面，人类还处在幼年时期，仍在黑暗之中摸索。我的想法可能过于理性。

　　弟弟，我终于写完了这封信，了却一桩心愿，可以歇一歇了。

　　碌碌一生，黄昏来临，最爱唱赵元任先生做的歌："枯树在冷风里摇，野火在暮色中烧，西天还有些儿残霞，教我如何不想他。"

　　走入黑夜之前，且到童年往日栖息片刻，在这里呼吸一点清爽的空气，重温旧梦。

　　什么都没了，只剩下梦，如果梦也没了，那真的悲哀。我要沉醉到你我的梦中。

你的星星

1994 年，岁暮

（原载 1995 年 1 月 29 日《镇江日报》）

范用散文《只有一年》刊发手记

《镇江日报》 张国擎

　　最没有"文章"可写的，大概就是地县级报纸的编辑了。因为这类报纸的主要读者对象不会跑到全国去，甚至连全省都不可能遍及。因此，有些报纸的总编对于名人的文章并不感兴趣。对于他们，至关重要的是当地领导的文章和讲话。名人既无法解决他个人的晋级、俸禄、升迁，有时倒会影响他的前程，这已经有许多人应验而成为放之报界皆灵验的事实。究其所以，大概是因为"改革开放"之风也席卷到了这些地县级的报纸。记得海外报界文学版编辑听我说到上面的那种理由时，十分惊讶地说，在我们那里，虽然也闭塞，但一有名人的文章，销售量都大些。我笑笑，无言以对，大概这也是中国的国情之一。

　　这一现象，近年来大有改观。虽然坐在家里，往年的大报大刊惯例性约稿中也多了许多我并不了解和熟悉的地县级报纸的约稿。有的地县级报纸恐我不给他们写稿，还先连载我的一些刊于名刊名报的大块文章，然后总编携编辑寻至我单位，说是我的远房亲戚，单位便慎重打电话于我，我只好请他们到我门上。他们说明来意，想立即拿到稿，但他们很有"自知之明"，晓得得不到那种一石激起千层浪的文章，他们便也坦诚得很，说文章上面只要有你的亲笔大名即可……当他们走后，我便有一种茫然，除了我的"名家"的那种疑惑和否定感外，我想到的是，地县级报纸总编的这种态度有否必要之类的思考。

　　思考之下，便有举动。我也认识一些名家，便约他们为我所在的地区级报纸写稿。一时倒也有些稿件来，我欣喜之极，精心组织版面，报纸出来，反响倒也真有些始料不及。但本报没有什么声响。本报当地作者座谈会则反应强烈！有些常年在我报"混"稿费者怨声载道。究其原因之一，版面给名人占了，他们正常的"收入"受到了影响。紧接着，又面对一个现实：名人的稿费怎么开？太少了不行！干脆，某老总发话："本报无须靠名家抬高声望！"一言九鼎，名家稿只好不约。事也活该有凑巧。痖弦来信，也说到那个岛上的文人们，对他执掌的几家全球发行报纸的文学副刊大量刊用大陆文人稿件有意见。读此之下，我思忖：不知外国的情况如何，但我实在是已经知道了中国人的某些"品行"了！

报纸不是我的私家车，我那么顶真做什么？想透了，便也明白透了。明白透了以后，许多的事自然也就好办了。

出版家范用与我同为浙江人，且又都是在镇江长大。我与他有所不同的是，我在镇江府下属的丹阳长大。还有一点与他不同的是，他从镇江出去，我到镇江来。更有不同的是，他从小学徒到人民出版社编审，到三联书店总经理，越干越有气势。而我从国家级新闻单位的撰稿人到地区级报纸的记者，从出版社、省以上刊物编辑到地区报纸的编辑，越混越"小"！但我们之间的相知相识却是越来越近。几年前，他曾嘱一位先生转致我一篇文章，我一直没有拿到。最近，他又托《文汇报》编辑萧宜先生转寄一篇稿件给我，这便是《只有一年》。我收到后，他来电话说还有需要改动之处。很快，我收到了这篇改正稿，23页，近6千字。范用先生的个人想法是在刊物上发，但刊物不在我的手上。况且此文说的是他年幼时在镇江读书的事，适宜在报纸上发表。经分管领导同意后，我告诉范用先生这个意见。他觉得太长，占了版面太多。经我解释后，他也就同意了，并寄来了自己与冰心、与丁聪夫妇、与王蒙的合影。

在短短的几个星期中，范用先生一连写给我好几封信，要在原稿中添改一两个字，加两句话，还说到大忙人丁聪画了二幅插图，别忘了给插图作者署名:"有些刊物,不大注意此点。港、台报刊处理较好,把插图作者与文章作者并列。香港《大成》月刊甚至在目录上也标出'范用文·丁聪图',可见对插图作者之尊重。"信中也一往情深地忆及一些镇江的往事,特别有意思的是老先生凭记忆画了一张地图,自信"记忆绝对准确。兄路过该地,不妨按址核对"。但关照说,这只是画给我看的,"请勿发表"。老出版家的认真态度和浓郁乡情跃然纸上。

1995年1月29日出版的《镇江日报》用整整一个多版面赶在1995年春节前两天发表了范用的《只有一年》,并且配了照片漫画。

望着这块我亲手处理的版面,心潮澎湃,思绪万千。这么多年来,我还是第一次这样多地与作者为一篇稿子来来去去反复通电话、信函。由于后道工序的配合也非常好,所以版面出来很好看。一篇文章,作者写得好,编辑处理好,还只是一方面。而工厂的最后处理如果马虎,那是不堪设想的。我发表在《钟山》杂志上的散文《此山杜鹃系我魂》,就有多处明显的校对排版差错。有的地方根本就读不通!令人吃惊的是,《散文选刊》在选用前,我得知将转载便把校改后的稿寄给该刊。不知为什么,编辑大概还是觉得错误百出的好,出来的仍然是那篇差错连篇的。在《中国文学》翻译成英法文时,我也不知翻译者是怎么翻译的。直到去年加拿大又一次要选用此文时,我请一位汉翻法的专家拿我的原文对校,才发现其中的"奥妙"真是无穷尽!有趣的是,有一回十几所高校选文学作品时,也是选中这篇差错百出的。这里我顺便提一下这件事,并不想批评谁,只不过流露点遗憾的心情而已。一篇印好的文章质量如何,不光取决于原稿,编辑环节十分重要,而再好的编辑,离开了工厂师傅的认真,则美文成累疣也!

《只有一年》发表后,报社内外的反响都非常好。一位早已退休的老新闻工作者花了好几天工夫才找到我,一再说:"范用先生的文章实在好,有耐读的价值。报纸就应该多登一些这样的文章,读起来让大家都感到亲切,有一种抱负,一股激励劲儿……"他希望我就编这一篇文章的事写一点东西给他们那个新闻刊物发一发。于是，我抽空便把那几封来信粗粗地整理了一下，结合我的一些想法，写成短文给范用先生寄了去，征求他的意见。不久，他在我寄去的打印稿上又作了认真的改动，并充满感情地说：

　　我很希望镇江多出一些写作的人才。我小时候，镇江没有文艺刊物，听说现在有本《金山》，很高兴，应当多有一些机会让爱好文艺的年轻人发表作品。我是相信，哪里有青年，哪里就会有文学开花结果。全世界皆如此，哪怕是最黑暗的地方。

　　我做过多年编辑工作，深知其中甘苦。平生唯一的志愿是印好一本书，让读者和作者都满意。写东西改了又改，在《只有一年》一文中已说，是跟我的同学好友学的。您的细致认真的工作作风，使我深为钦佩引为同志——真正的同志。发了一篇小文章，还写下这样一篇编辑手记，我是头一回见到。像这样的敬业精神，能有几人？

　　老出版家的赞许令我不安，他那精益求精的敬业态度，更令我和同事们深深感动。如果我们有范用先生对于出版的一半态度，扎扎实实工作，而不是搞什么"花架子"，也许我们的图书、报刊将会是另一种面貌了。

（原载《出版广角》1995 年第 3 期）

为 了 读 书

跟年轻朋友在一起，常常有人问我：你为什么选择出版这一行？

不是我选择了这一行，是读书生活出版社收留了我。

读书生活出版社同事合影

1937 年冬天，"感谢"日本侵略者的炮火把我轰出了家门，一个人逃难到汉口，投靠舅公。没想到过了年，他生病死了。舅公在交通路一家书局当经理，读书生活出版社从上海搬到武汉，租用了这家书局的二楼，我每天放下饭碗就钻进出版社看书，同那里的先生们混得很熟。出版社经理黄洛峰，大家称他黄先生、黄老板，看我这个十五岁的孩子手脚灵活，能跑腿，收留了我，从此，我算是有了个饭碗。

読書生活出版社出的书，都是很进步的，可以开出一串书名。艾思奇的《大众哲学》、曹伯韩的《通俗社会科学二十讲》、柳湜的《如何生活》、李公朴编的《读书与写作》、张庚编的话剧集《打回老家去》、周巍峙编的新歌集《民族呼声集》、以群翻译的《苏联文学讲话》、高尔基的《在人间》，等等。还发行中国共产党第一本公开出版的刊物《群众》周刊，我全看了。

此外，出版社还有一些从上海带出来的参考书，杂得很，有《胡适文存》、陈独秀的《实庵自传》、希特勒的《我的奋斗》、蒋介石的《西安半月记》、《韦尔斯自传》、纪德的《从苏联归来》，等等，也都让我随便看。

这是个有书读，而且让你读书，允许你读各种书的地方，极大地满足了我的读书欲望，胃口大开。

从这一点讲，是我看上了这个出版社，愿意吃这碗饭。

除了在出版社看书，每天还到交通路的一些书店看书。上海搬来的书店大多在这条马路上和附近的弄堂里。有生活书店、上海杂志公司、开明书店、天马书店……还有当地原有的华中图书公司。我成了书店"巡阅使"。

黄老板看我有这么个癖好，就给我一个任务，替出版社采购新出版的杂志，有的是他指定买的，像共产党叛徒叶青编的《抗战与文化》，国民党的《中央周刊》、《民意》周刊、《祖国》，还有其他一些党派办的刊物。好的杂志当然要买，像胡风主编的《七月》，丁玲、舒群主编的《战地》，生活书店和上海杂志公司发行的各种杂志。买回来，用个回形针夹起挂在墙上，供出版社的工作人员阅览。

在这里，从未听说过什么"放毒"、"中毒"。不知道这叫不叫"自由化"？"自由化"这个名词，是几十年之后才听说的。

黄老板就是这么信任我们这班小年轻的。

他带领我们读好书，学习《大众哲学》（后来到重庆，学习政治经

济学），同时又放手让我们读各式各样的书，包括那些内容有些问题，或是很有问题的书，多多益善，开卷有益。他用这种方法提高我们的阅读能力和识别能力。

黄老板读好书很认真，读有问题的书也很认真，在书上画杠杠，写批语。在重庆时，我就看到他在蒋介石的《中国之命运》上批批画画。

我一生感激他这样地引导我们读书，真正地读书，而不是马马虎虎、随随便便地读书。

这样，多年来我养成了一个读书习惯，越是有问题的书，尽可能找来读一读，不信邪，也不怕中邪。而且要读"原装"的、"整装"的，不要拆装过的，不要零件、"摘编"之类。

后来，听说毛泽东读书也很广泛。正面的、反面的，用他的说法，"香花"、"毒草"都看。1939年在重庆，我在出版社做邮购工作，就多次收到毛泽东秘书李六如从延安"天主堂"寄出的购书信，开来的书单内容很杂。当时我们就知道是毛主席要的书。

1941年，我还接到过一个任务，替毛主席买章回体旧小说，我跑遍重庆全城搜罗了好几百本，交八路军办事处运往延安。解放后在北京，王子野告诉我，他在延安见到这批书，毛主席把这些书交给了中央图书馆。

1946年在上海又接到过一个任务，上海出的杂志，不论左中右，包括外文的，各买两本，积到一定数量，装箱由海路运往解放区。据告，也是毛主席要看的。

我十分乐意做这种工作，因为可以看过路书刊，同时也可以从毛主席的读书得到一些启发。

我常常想这个问题：毛泽东的这种读书观，这种读书方法，我杜撰称之为"比较读书法"，我们普通人是否也适用，我们能不能学这一套？

我有一种体会，书的好坏，要靠自己辨别，读得多了，辨别能力自然会提高。光靠别人指点自己不肯下点工夫，那只能永远让别人牵着你走。万一碰上坏人来牵引你，像"四人帮"这些坏家伙，你怎么办？

我在《列宁全集》上看到过列宁的一篇读书札记，一张写给秘书的便条，前者大意是说看到有篇文章说某本书有问题，我找来这本书读了，确实是本有问题的书。后者是要秘书找某些有问题的书。你看，列宁读书，不光听别人的评论，他得亲自验证。

"文革"时期，"四人帮"及其徒子徒孙，动不动挥舞大棒，什么"反共老手"、"影射文学"。你想找来看看，对不起，书店早已下架，有的图书馆也不出借了。这是一种封杀灭绝的卑劣手法。"反共老手"不是别人，恰恰是那些专以诬陷正直的共产党员为职业的棍子、文痞们，这些人才是道道地地的反共杀手。

鲁迅做得更好，他总是把别人批评他的文章，他的论战对手的文章，跟自己的文章印在一起，他要读者两方面都看。不像有的人，只要你看他摘引的那几句，不要你看原文，看全文。弄得你看到批判文章再想找那些挨批的文章，真是费劲得很。难道已经给你打了防疫针，消了毒，还怕什么？你又不是卖的假药？编杂志、搞出版的，能否在这方面给读者提供一些方便呢？

我还有这样一种体会，作为一个现代人，一个知识分子，还是多看点书报杂志的好，你干工作也才能称职。不能把自己装在保险柜里，做"套中人"。我因为做出版工作，要同国外的朋友、香港和台湾来的朋友打交道，见面总得交谈，有话谈。他们提到"先总统"，我说我看过他的《苏俄在中国》；他们提到"故总统"，我说看过他的《风雨中的宁静》；他们提到白先勇，我说看过他的《台北人》。不光看过，还可谈一点读后感，略加评论。我不能让人家看成是个光会谈吃什么、玩什么的人，看成是个什么都不知道的白痴，看成是个只会讲几句套话客气话的

官僚。

　　你看，本来是要回答为什么选择了出版这一行，却大谈起读书。那么，可不可以这样说：是为了读书才选择了出版这一行。

1992 年 5 月 15 日晨

（原载《海上文坛》1992 年第 4 期）

"大雁"之歌

　　七年前，1989 年，卞之琳先生赠我一册新版《十年诗草 1930—1939》。旧版是明日社出版的，那是 1942 年在桂林，陈占元先生办明日社，就两个人，他和妹妹，陈先生翻译、编辑，妹妹跑出版、发行。用土纸印了一批文学著作，除了《十年诗草》，还有冯至《十四行集》、梁宗岱《屈原》、罗曼·罗兰《悲多汶传》（陈占元译）和《歌德和悲多汶》（梁宗岱译）、纪德《新的粮食》（卞之琳译）和《妇人学校》（陈占元译）、里尔克《交错集》（梁宗岱译）、狄瑞披里《夜航》（陈占元译）。1943 年，湘桂大撤退。别的可以不要，心爱的书不能丢，我把这几本书带到重庆，以后到上海，最后落户北京，如今伴我安度晚年。感谢陈先生，在战争年代艰苦的条件下，印了这些好书。

　　1978 年，卞先生在旧版《十年诗草》上为我题了这样一句话：

　　承保存旧时拙著，十分感愧，改正原来排错的几个字，以此留念。

　　这本作者亲笔题签改正的诗集，成了寒舍的珍藏。

　　1990 年新版《十年诗草》，出版者为台湾大雁书店，《大雁经典大系》之一。另外三本是冯至《十四行集》、何其芳《画梦录》、辛笛《手掌集》；我也都藏有旧版。

　　这家出版社的广告文字不同于一般：

191

大雁书目（给爱书、懂书、读书、写书、藏书的人）。

四十年代文学菁华：卞之琳宏伟，冯至浑厚，何其芳瑰丽，辛笛清新，为现代文学之典范。

再看印在书前的大雁书店《〈大雁经典大系〉出版缘由》：

现代文学因为语言文字及社会思想种种突变使新文学在中国文学发展史中，俨然自成一个新体系，但令人惋惜的是，政局的动荡变迁，意识形态壁垒分明，使得台湾茁长而日趋丰厚的现代传统有自成台湾的趋势。

我们正视上述的疏离空间与断层危机，并且强调台湾现代文学的发展，与早期大陆现代文学的关联为一整体现象。我们不愿意台湾现代文学的辉煌楼阁奠基在历史分期的浮沙，我们愿意做砌石搬土的工作，出版这套经典丛书，填补文学的断层空间，我们强调现代文学早期三四十年代作家的作品，因为我们相信，他们是文学的普洛米修斯，为我们播下火种……

大风起兮，北雁南飞，无论此岸彼岸，对大雁而言，来处是家乡，去处亦是家乡。

支持我们，让我们成"人"字的雁群。

这种真诚的态度，美好的愿望，我不能不感动。说来惭愧，我也做过出版，在出版每一本书的时候是否都认真想过，可曾如此恳切向读者交心？

下面，我要讲初见新版《十年诗草》的惊讶。它的封面竟是老熟人！我从书架上找出卞先生的另一本诗集，1940年香港明日社出版的《慰劳信集》。那是皖南事变后，1941年冬，我从重庆经桂林到广州湾赤坎（今之广东湛江市，那时处于法国统治之下），准备由那里渡海去香港，买好 12 月 10 日船票，要等两天。我到书店看书，买到这本薄薄的诗集。不料 8 日日本进攻香港，去不成了。旅费却用光了，我忍着饥饿步行三天折返玉林，再到桂林。

《慰劳信集》一共收了作者的 20 首诗，其中一首的标题是《给〈论持久战〉的著者》，即给毛泽东。卞先生到过延安，我怕路上检查遇到麻烦，把印有"卞之琳著"的封皮撕掉。

1949 年，这本诗集跟随我到北京，不能再让它光着身子，找了两张纸，给它装了个封面，还写了个书签贴上。

奇怪的是，我这本手制的《慰劳信集》封面，跟新版《十年诗草》封面，竟然一模一样，就像孪生兄弟，都是用两张纸裱糊的，其中一张也都是蓝色的，书签也都是贴上去的。不同的是，《十年诗草》书签是直行，《慰劳信集》书签为横式。朋友们见了，也都说不可思议。不可能是谁抄袭谁，只能说是巧合。

不久，我从台湾弄来《大雁经典大系》的《十四行集》、《画梦录》、《手掌集》几本。这套丛书的《出版缘由》说：

> 作家在作品中的特性，不但突出他的文学信念，同时亦反映出他的时代位置与精神，惟有整体性的构成组合，才能进一步产生批评的文学观念，所以我们在编选中，配合导读和各种历史资料，让读者对作者与作品能有综合性的全面了解。

这就有卞先生的《〈十年诗草〉重印弁言》、冯先生的《重印〈山水〉前言》。导读则有张曼仪的《一个年轻人在荒街上沉思——试论卞之琳早期新诗》、张错的《山水依然在人间》、刘西渭（李健吾）的《读〈画梦录〉》、唐湜的《手掌集》。附录有余光中、艾青、痖弦、也斯诸家的论评，何其芳答复艾青的信，也附在书里，还有作者小传、作者手迹。这样，几本书就不是简单的翻印。

"大雁"发行人简媜

大雁的编辑未必懂得"编辑学",他们编的书却大有学问。做编辑、出版的如有兴趣,可以看看大雁的这套丛书。读"编辑学",不如多看看别人编的书,自己在实践中用心琢磨,必有所得。

后来,我又得到大雁另一套《大雁当代丛书》中简媜的一本散文集《下午茶》,事情就更清楚,简媜即大雁书店发行人,书里有她写的《非常小的传》:生于 1961 年,还不到30 岁,台湾大学中文系毕业,1988 年与作家张错等友人共同筹划大雁书店,自称"出版界的学徒"。学徒一出手就不凡,而她本人,此时已经是六七本散文集的作者。

《下午茶》有篇序:《粗茶淡饭——顺道说说大雁的逸笔》,一篇写得极其潇洒的散文。其中谈到"大雁":

那时,我仍然独自窝在木栅的高地,过一种于今想来十分奢侈放纵的生活。山岸多茫草,春天开得像浪浪的荡妇;秋冬之际又像含怨的新寡。在星月与草木的柔臂里,我逐渐恢复过往的疲倦——尤其是对人事社会的疲倦,纯然安静的独居生活,也使我拥有完整的思路叩问自己的前途,在创作的过程里是否仍有可能选择另一任务,吐哺。

于是有了"大雁"。

我仍记得那些个夜晚,几个朋友聚在张错客居的化南新村里试替这家出版社命名，其中一个（恕我姑隐其名），在纸上写着"大雁"两个字，几乎在场的人眼睛雪亮。在天空排成人字雁阵，象征了人文精神的复活，也为我们共同创立出版事业的情谊作志。

此后，简媜说她就像一个"奉命寻找各路英雄的密使"，寻找大雁合作者，志同道合而又能实干的伙伴。

第二要找的是吕秀兰——一个名不见经传的女子。然而在书店的书海里，她所设计的封面总是抓住我的眼睛，构图锋利，用色大胆，使我忍不住买下那家出版社的所有书籍，回家陈列在书架上，与其它书籍作一比较。我决定翻天覆地也要把她找出来。

果然，她找到了吕秀兰，几次讨论之后，"彼此共识与情绪几乎到达沸腾"。吕秀兰说："要做就做别人不敢做的，从纸张，从封面，从整体设计。"

她们两个人想象"大雁"版的脸谱：

"可不可能一本书的封面、纸张，摸起来像婴儿脸上的茸毛?"
"很轻，很软，随便卷起来读，手怎么动书就怎么卷!"
"不要光上得滑滑的，像泥鳅!"
"不要五颜六色的，我希望简单、朴素，有点古书的感觉!"
"让读者对书产生感情，再来读书!"
"要中国自己的味道。"

简媜被吕秀兰征服了，她写道：

我逐渐体会，她把一本书当作活的生命，能呼吸，能言谈的生命，而不是一堆铅字与几根线条而已。面对这样的人，我唯一能做的决定是："把大雁当作你的，爱怎么玩就怎么玩！"

爱怎么玩就怎么玩，多大的信任，把书籍装帧放到最重要的位置。这样地出书，有简媜，就有吕秀兰"玩"得出的"大雁"。

大雁用的纸是专门生产的，纸行几乎全力配合，不断地实验，修正，造出心目中想要的纸：鲤纹纸、松华纸、山茶纸、海月纸，"中国的东西，自己的土产"。

大雁版，又软又轻，摸上去真有那么一种茸毛的感觉，还看得出纸里一丝丝纤维。

在每一本书的末了，还专门用两页印着：

《××××》的印制，必须感谢所有奉献的人，他们是……

后面是作者、主编、美术编辑、校对者的姓名，以及打字、造纸、内文印刷、封面印刷、装订四五个厂店的名字。并且声明：两千册手工裱装封面，宜百年典藏，售罄为止。

我不厌其详地抄录，这样才能把事情说清楚，何况文字又那么生动。

大雁还有一句话，深得我心：

做出版，必须感情用事。

说得何等的好！只有带着感情做，才能做好，才能享受到工作的快乐。

"对大雁而言，来处是家乡，去处亦是家乡。"此岸彼岸，两岸都一样。视中国现代文学为整体，填补断层空间，张扬人文精神。这样的想

196

法，这样的识见，令人起敬。砌石搬土，接棒吐哺的大雁！

《下午茶》里有张简媜的照片，一个普普通通的年轻人，不是出版家，不是女强人，简媜也不愿做"女强人"，一个爱书人——感情用事的爱书人。

《大雁经典大系》选这几本书，纯粹是主编和出版社的考虑，看书的人未必看作经典，作品最终要由历史评定。我所看重的是，大雁纯正的动机，良好的愿望，认真的态度，尤其是对装帧的重视。当然，他们在选作品方面，也是有眼光的，选的都是三四十年代中国现代文学佳作。

文人办出版社，办严肃的出版社，有个性的出版社，有人说那是书呆子办傻事。我们有过文人办的未名社、创造社、三闲书屋、文化生活社、平明出版社、复社、泥土社、明日社、开明书店、万叶书店、怀正文化社……主持人都是作家，早已成为历史，此地空余悠悠，只有读者尚记得他们。他们出的书，散在人间，有些就被爱书人收藏。如果现在有人还做这个梦，办这样的出版社，就呆气十足，傻得可爱。

两个月前，我写过一篇《〈水〉之歌》，那是为一份家庭刊物而歌。现在我为"大雁"而歌。人生在世，老来尚能纵情放歌，亦一乐也！

"九一八"，不能忘却的日子（1996 年）

（原载 1996 年 11 月 2 日《文汇读书周报》）

琐忆抗战时期
党领导的出版事业

　　1938 年春天我在汉口参加读书生活出版社。当时我还不知道，这是我们党领导的一个机构。我只是认为出版工作是很有意义的，可以为进步作家、革命作家出书。他们写成的东西，要和群众见面，靠什么呢？一靠报纸，二靠刊物，三靠出书。1939 年 2 月我入了党，任务就更加明确了，那就是为革命出书。

　　我们的工作有两个方面：一是出革命的书。文艺性质的东西比较容易接近群众，我们出版社出版了相当多的文艺书籍。二是统战工作。

　　三联书店的前身生活书店、读书生活出版社、新知书店三家书店，都是在上海成立的。抗战以后搬到武汉。我们在武汉的时间很短，就搬到重庆了。在武汉的时候，长江局领导我们，到了重庆就是南方局了。

　　我们的出版工作，大概可以分成这样几个时期：

　　武汉时期。这是国共合作的黄金时代，大家的情绪热烈，工作也比较容易开展。但是，就是在这时候，国民党也开始了种种限制。他们通过军警，经常来看看，还拿点书回去。

　　到重庆至皖南事变，可以说是第二个时期。国民党反动派不断制造事端，掀起反共高潮。他们为了限制"异党"活动，制定了图书杂志审查制度，查禁书报。我们三家书店遭到了迫害。他们经常派遣特务，装着买书的样子到我们书店来，东翻西翻，亮亮证件，拿一堆书就走了。后来又来搜查宿舍，抓我们的工作人员。他们还在邮局扣我们的信件邮包。

皖南事变到湘桂撤退是又一个时期。这时期最困难，白色恐怖严重，文化工作处于低潮。湘桂撤退以后，国民党由于兵败如山倒，引起了广大人民群众的强烈不满，国际上美国和英国对蒋介石有许多指责，所以他们不得不稍微松动一点，于是又出现了较好的时候，呈现出繁荣。内战开始，国民党反动派查封书店，就完全是赤裸裸的了。

大概出版事业就经历了这样的起伏。

我们党一直领导着进步的出版事业。皖南事变以后，我们三家书店曾经考虑过要不要撤退，要不要宣告停业。周恩来副主席明确指示：你们要坚持，坚持下去就是胜利。坚持到他们来封门，就是你们的胜利。他们一封门就被动，就输理。周恩来同志的判断是正确的。国民党反动派想动手，可始终没有动手，他们也害怕。

我们三家书店最好的时候，有 100 多个分支机构，广东、广西、云南、贵州、浙江等地都有我们的书店。可皖南事变以后，这些分支机构一个个被封掉了。在这种情况下，周副主席叫我们改变斗争方式，设立三线：第一线，即我们在重庆的三个书店站在最前面，面对面和敌人斗争。第二线，另起炉灶，改头换面，就像孙悟空，摇身一变，变出许多小猴子。第三线，与别人合作办店。这样，尽管我们的分支店没有了，还保持着一个发行网。这个发行网，国民党是始终没有办法的。出版工作，当然不仅仅是我们三家书店在搞，还有许多人在搞。其中，也有些人是起了进步作用的。张静庐办了上海杂志公司，是出版界的老前辈了。他始终跟左翼作家、跟进步文化人保持了很好的合作关系。他经营得很好，出版了很多书。姚蓬子曾经变节过，但抗战时期，就出版方面来说，他还是做了不少工作，他的作家书屋出版了不少进步作家的书，我们也团结他们跟国民党斗争。我们团结了几十家书店，成立了新出版业联合会，几次发表声明，发表宣言，要求取消图书杂志审查制度，要求出版自由。

199

抗战时期，纸张相当紧张，国民党把所有的纸厂控制了，我们拿不到纸，《新华日报》也拿不到纸。我们让张静庐、姚蓬子出面去要。后来我们又到梁山这些地方去，找地方上的小"绅粮"（四川方言，即士绅）办纸厂。这样一开拓纸源，就有纸用了。再后来，国民党的《中央日报》也来向我们借纸。

我们还去"国民党蒋委员长行营"要封条。当时寄东西出去要检查的。但有行营的蓝封条贴在上面，就可以免检。我们去要封条，奇怪，有时管封条的人看也不看，就给我们几张，让我们自己拿回去贴。我们很高兴，回去就把延安带来的东西往包里放，打好包，贴上封条就寄走。包裹寄到其他城市后，也是要检查的。但是，我们也有办法。比如寄到贵阳，邮局的人给我们出主意，叫我们不要去邮局取包裹，邮车还没到贵阳，还在花溪那里，他们就把包裹丢下来，我们的人就领走了。

这里我要特别提出周恩来同志，是他亲自领导、指挥我们作战，亲自指导我们工作的。他对作家非常关心。当时，进步作家不仅政治上受压迫，常有被逮捕的可能，生活上也十分困难，洪深就曾因走投无路而自杀。周副主席就曾经交代过我们出版社的黄洛峰同志，要他开个名单，给最困难的作家送稿费。他说：直接送钱不好，作家怎么会随便收你的钱呢？你出个题目，请他写一本什么书，先把稿费给他就完事。他交不交稿，你别再问。我曾经办过这样一件事，有位京剧演员叫金素秋，住在一个臭水沟旁，相当困难。八路军办事处陈舜瑶同志让我想法送点钱给她，如果不够，还要想办法多给一点。她写了个京剧剧本叫《残冬》，陈舜瑶叫我拿来给印出来，不管好卖不好卖，反正说卖掉了，送她一笔钱。解放以后，金素秋在昆明任京剧院院长。

这样，我们的经济自然更困难。八路军办事处便支援我们。但是他们也非常紧张。记得有一次，童小鹏从八路军办事处给我们送来3000块钱，没隔多久又拿了1000回去。他说，今天办事处揭不开锅了。

为了解决我们的经济困难，我们也努力开拓财源。我们开过饭馆，开过文具店，还卖过西药。我们尽量不向党要钱。相反，我们还克服困难，把书往延安运。有次博古来重庆，我搜购了几麻袋字典（当时延安最需要字典），让他带往延安，不幸飞机失事，在黑茶山遇难。抗战八年，我记得仿佛只向曾家岩要过一次钱，那时实在是太困难了。

重庆的民生路，是一条值得纪念的路。毛主席到重庆这天，民生路放了四幅很大的毛主席像：《新华日报》门口放一幅，生活书店、新知书店、读书出版社门口各放一幅。而且在书店门口还贴出了三联书店用人民出版社名义出版的《毛泽东印象记》一书的广告。当时在重庆震动很大。

（本文是作者在一个座谈会上的发言）

（原载 2002 年 3 月 20 日《中华读书报》）

我的读书观

小孩子看戏，常常会问："这是好人还是坏人？"有的人读书也要问："这是好书还是坏书？"

书没有绝对好的或绝对坏的。好书坏书，要看了以后自己判断。人都是有智慧的，要相信自己有判断的能力，这种判断的能力，要靠长期读书养成，读得多了，有了比较，渐渐就会有判断的能力。

读好书会得益，读坏书也会得益，从反面得益。可以知道什么是坏，坏在哪里。

我读书有个癖好，人家说不好的书，一定要找来看看，说是好奇也可以。我不信邪，也不怕邪。十年前我写过一篇文章，里面讲到我接待台湾来的客人，他们提到"先总统"蒋介石，我说读过他的《苏俄在中国》，他们提到"故总统"蒋经国，我说读过他的《风雨中的宁静》，来客大为惊奇："你读台湾的书？"是的，我不能让他们得到这么一个印象，只知道哪些地方好玩，哪些东西好吃。我们知书识礼。

《读书》杂志创刊登过一篇题为《读书无禁区》的文章，这个题目闯了大祸，读书无禁区，你们提倡读坏书，这还了得！

那篇文章是针对"四人帮"把一切书都归为封资修查抄焚毁，只准读一本"红宝书"、"一句顶一万句，句句是真理"这件事的。天底下哪有这样的书。这篇文章说得清清楚楚："对于书籍的编辑、翻译、出版、发行和阅读，一定要加强党的领导，加强马克思主义的阵地。对于那种

博学之，明辨之，
开卷有益，读书
无禁区。

范用

09.9.9

与书为伴
益寿长寿

范用自嘲

二〇〇〇.五.一

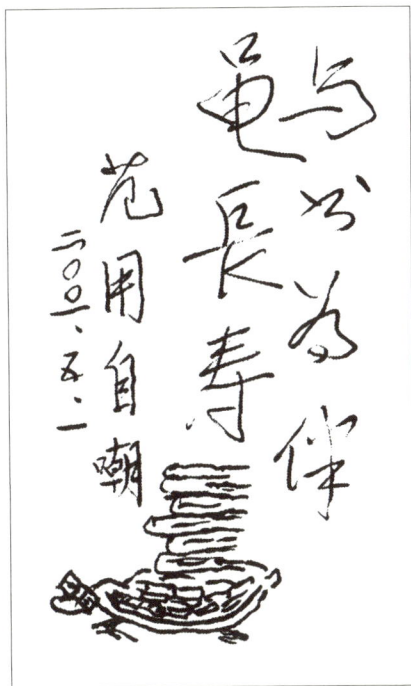

玷污人类尊严、败坏社会风气、毒害青少年身心的书籍，必须严加取缔。因为这类图书，根本不是文化。它极其肮脏，正如鲁迅所说，好像粪便和鼻涕。"

这也难怪，有的人是只看标题不看文章，甚至只听汇报，所以才闹笑话。至于我上面所讲的，他是否同意，很难说。对这样的人不能期望过高。我只希望他们再忙也抽点时间读些书，好书坏书都要读一些。

我的读书格言："博学之，明辨之，开卷有益，读书无禁区。"这是一个完整的句子，不可割裂，关键在于"明辨之"。

（原载 2002 年 4 月 8 日《北京日报》）

相约在书店

十多年前，我还在出版社上班，丁聪每星期必来，老远的从西到东，坐公共汽车，路上要换车。

丁聪老诉苦，不知说的真话还是假话，说"家长"（夫人沈峻则谦称是"高级保姆"）太怜爱他，不忍心看他横向发展，影响健康，早餐定量供应，一片面包，外加一个西红柿，或半根黄瓜。丁聪翘起嘴唇，说面包薄得风一吹就飘走，还用手比画。1983年，我们的朋友李黎从美国来，听了随手画了幅漫画《丁聪先生随风而去的面包》：丁聪笑容可掬，盘腿坐在面包上，仿佛坐着飞毯，飘飘然，一点看不出在受苦受难。

丁聪也学会了"上有政策，下有对策"，

丁聪先生随风而去的面包　李黎　绘

"我有办法，到范用那里'反饥饿'"。

他到三联书店，先看望《读书》杂志的五位女将——人称"五朵金花"（董秀玉、杨丽华、吴彬、赵丽雅、贾宝兰——编者注），聊一阵。到中午，跟范用下小馆，东四一带的小馆子，几乎吃遍。那时候还不兴高档，两个小炒一碗汤，外加四两二锅头，花不了几块钱。

丁聪最反感的是，范用总要叫二两米饭，而又吃不下。于是用语录教育我："贪污和浪费是极大的犯罪。"代我把饭吃掉，一粒不剩。

我们有一条不成文法：以西单到西四这条马路为界，上路西的馆子，丁聪掏钱，路东的馆子，范用付。有时多几个朋友，就远征到丁府楼下的馆子吃烤牛肉；碰上叶浅予，那就吃叶老的。

我退休了，没有了地盘，丁聪不来了，说："不好玩了！"只好两地相思。

现在又好玩了。三联书店在美术馆东侧盖了楼，开设门市，附设咖啡座。我们相约今后在三联见面，看看书，喝杯茶，然后"反饥饿"；我也反，买不起书，饱看一通，也是"反饥饿"。当然，有好书，也还是要买一两本。

以往，丁聪吃完饭，还有一项重要任务，上王府井新华书店，用他的话说，"送两个钱给书店才心安"，买本书，不能空手而返。实在没有可买的，就买张北京市街道图，家里已经有七八张，还买。书买重了，送给范用。书店欢迎这样的买主。

我在出版社，接待过好多位鸿儒、作家、学者、画家。王世襄、费孝通、黎澍、王芸生、萧乾、吴祖光、冯亦代、黄苗子、郁风、黄宗江、卞之琳、吴甲丰、戈宝权、梅朵、方成、韩羽、姜德明……人民文学出版社韦君宜、严文井、孟超、李季、许觉民、绿原，一个楼办公，他们也随时过来坐坐，孟超总端着茶杯。香港三联送来的咖啡，正好用来招待客人。我的出版社小伙伴闻到煮咖啡的香味，也来喝一杯。不过老年人还是习惯喝茶。

205

　　有一年，艾芜先生要率团到朝鲜访问，打成都来，70多了，还爬上五楼到我办公室。30年代他就是三联书店（读书生活出版社、生活书店）的老朋友，我们是1942年在桂林认识的，他住在郊外观音山，生活清苦。初次见面，他杀了一只自己养的鸡招待我，那一年我刚满20岁，他长我18岁，我叫他"汤先生"（艾芜本名汤道耕）。

　　另一位老朋友戈宝权，每回来只谈书不谈别的。我们谈书，谈了四五十年，从重庆谈到上海，又谈到北京。现在，他住到南方去了，夫人贤惠，生活很幸福。

　　卞之琳先生从干面胡同到东四邮局寄信，走累了，没有地方歇脚，也来爬五楼，走进办公室说："你忙你的，我抽支烟。"楼公（适夷）说："北京没有茶馆、咖啡馆，街上找不到坐一坐的地方，不像上海。记得上海南京西路的一个拐角，有家用球状玻璃器煮咖啡的小店，路过我总要进去喝一杯，十几年前还在。北京老舍茶馆，不是我们说的那种茶馆，也喝不起。"

　　"文革"期间，1972年我"解放"了，袁水拍还靠边站，没有事干，一个人在家里推敲毛泽东诗词英译，有时也来，无可奈何的样子，有点颓唐。

　　后来他当上文化部副

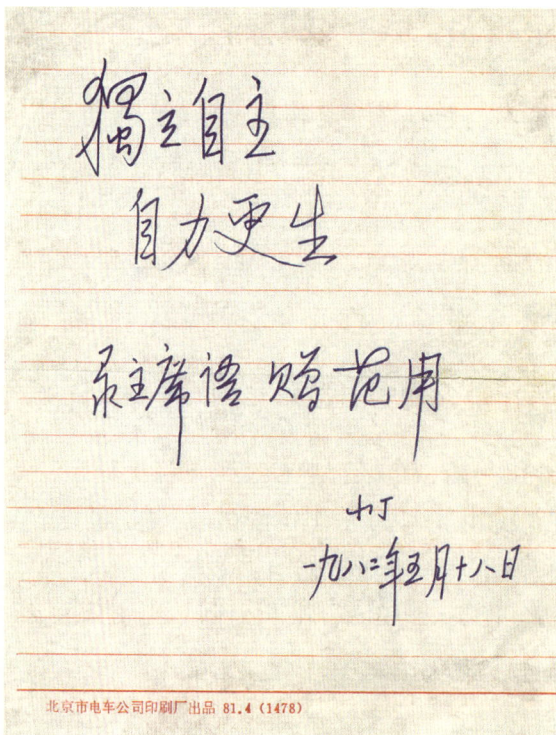

独立自主
自力更生

录主席语 赠范用

小丁
一九八二年五月十八日

北京市电车公司印刷厂出品 81.4 (1478)

丁聪手书毛主席语录赠范用

部长，就忙了，没有时间来我这里泡。再后来……世上的事，真难说；不过我至今还是怀念他，诗人马凡陀。

我办公室对门是洗手间，朋友封我为"文史馆长"。"文"者"闻"也，我如入芝兰之室，久闻不觉其香，客人陪闻，我很抱歉。最近，我还给人民出版社提意见，一要办好食堂，二要修讲究的卫生间，一进一出，乃关系职工利益的大事。为什么会议室倒舍得花钱一再装修？他们说因为要接待外宾。

有一天，真文史馆长启功先生来了，老人家居然登高，赠我一书一画。我从不敢跟人讨字画（王世襄、郁风例外），更不敢向启老讨，看他吃力的样子，我不知道说什么好。

我在人民出版社工作36年，在"520"办公室30年，三分之一的人生在这里度过，由中年到老年。1958年"大跃进"，1966年"大革命"，

前排左：沈峻，右：冰心；后排左：丁聪，右：范用

207

歌于斯，哭于斯，不堪回首。还有一些可悲可喜、刻骨铭心的事情，留下回忆，难以忘怀。

说是退休会有失落感，我的失落感是再也不能在"文史馆"接待我尊敬的先生、朋友们，向他们讨教，取得他们的帮助，或者随便聊聊。这种闲聊对我也十分有益，增长我的知识，使我知道如何待人接物。他们的乐观精神，更是感染了我，做人很快活。

半个多月前，丁聪住进医院，上星期动手术，到今天还只能进流质。楼公、君宜大姐住院一年多了，我去看望，他们说了许多，可我一句也没能听出来讲的什么。卞老下不了楼，宝权兄出不了房门。我多了一条腿，三条腿走路还不如两条腿。老了，都老了！只有方成，仍骑车到处跑，宗江还漂洋过海，不服老。

丁聪出院，恢复健康，我们每月一定到三联相会，然后下馆子。不过现在得爱惜自己，自觉一点，不大块吃肉，不大口喝酒，让我们的"家长"放心。

10月1日，北京举办"丁聪画展"，丁聪书面答谢说：还可再画10年，也就是说画到90岁，那真是读者的福音！到那一天，84岁的小老弟，我一定敬他一杯。

（原载 1996 年 10 月 29 日《文汇报》）

一封感人的来信

我退休快8个年头了，还常常收到读者寄来的信，他们都是爱书人，把我看作朋友。

最近收到的一封信，寄自浙江永康古山镇坑口村。我的双亲是浙江人，我和这位读者也可算是同乡。

我看了这封来信，十分感动。请允许我不厌其详抄录几节来信。他列举的几位作家几本著作，说明我们"书味"相投（只是我至今尚未读过《观堂集林》）:

> 我是一个农村青年，大学考不上，却热爱书籍，不喜欢武侠、言情小说，热衷于看有品位的、书卷气十足的书。订了《读书》、《文汇读书周报》、《收获》……
>
> 我喜爱《读书》杂志上的文章，特别是柯灵、钟叔河、季羡林、张中行等先生的大作，只觉得他们的文章有味。
>
> 通过几年的读书，我的读书品位大大地提高了，我现在爱读有真情实感、真知灼见的文章和书，如《傅雷家书》、《聂绀弩诗全集》、《文化苦旅》等等。
>
> 我喜欢的作家有黄永玉（《太阳下的风景》）、黄苗子（《货郎集》）、杨宪益、金克木……
>
> 近来邮购了一批新书：柯灵的《墨磨人》、钟叔河的《书前书

后》、《季羡林小品》、《张中行小品》，坐拥书城，真是痛快！我已寄信清华大学出版社购买《陈寅恪诗集》、《吴宓与陈寅恪》。不知在何处可以买到陈寅恪文集、王静安（国维）文集？

近年来做些买卖，卖牛肉羊肉之类，发誓等将来有更多的钱买更多的好书，以充实自己的心灵。当干活累了休息的时候，拿出自己心爱的书，真是一种享受。

"人生有涯，而学海无涯"，读书有如我心中永不熄灭的引航灯，伴我走向生命的里程！

信中还说他已报名参加"文汇杭州三联读者俱乐部"和北京"三联读者服务系统"。

我把这封来信抄送给三联书店、《读书》杂志我的同事们，让他们分享我的喜悦，我想他们会从这封来信受到鼓舞。

人们正在为低劣读物充塞市场而忧虑，为严肃读物得不到出版的机会而苦恼，请读读这封来信吧。在农村还有这样渴望求知，一心想读严肃读物的青年人。他是个体户，看来还不是发了财的大款，却愿意用挣来的钱购买好书，多么难能可贵。

我亲爱的同行们，还在办出版社、开书店的朋友们，你们的辛劳并没有白费，即便是抱着石头游泳，你们仍然可以从读者那里得到支持，受到鼓励，而不至于气馁。

每一个读者都可以有他个人的爱好和志趣。但是出版社出什么书，应当有所选择，而且是慎重的选择，这就有高低优劣之分。"魔鬼归魔鬼，恺撒归恺撒。"让那些捞钱的、制造废纸的、靠所谓"轰动效应"骗钱的人干他们的。正直的出版工作者应当自信走一条正当的路，对得起读者、作者的路。这条路迈向千万个有志向的读者，和他们心心相印，息息相通。我现在也是一个读者了，对出版社有着真诚的殷切的期望。

陈翰伯同志对我说过："没有文化兴趣，干不好我们出版这一行。"我希望在出版社、书店工作的同志，要利用自身的条件多读些书，像这一位农村青年，也成为一个爱书的人。不要光出书、卖书，自己却不读书，不爱书，当然也就不会懂得书，那太可惜。

（原载 1993 年 9 月 18 日《钱江晚报》）

子夜惊魂

10月17日夜，倚床看书，几十年的习惯，一卷在手，方可入睡，比安眠药灵。

好书奇书就放不下手，要看到深夜，像最近看到的几本书，一本《历史不再徘徊——人民公社在中国的兴起和失败》，一本《陈寅恪的最

范用与黄苗子（左）

后二十年》，还有一本《一个（中国）朝圣者的囚徒经历——1930-1939年在苏联的遭遇》，就是。

忽然电话响了。有一种朋友专拣这个时候打，你准在家。来电话的是日本朋友刈间文俊，一位热心于中日文化交流的朋友，他又来了，普通话说得比我好。

寒暄几句，刈间君陡然冒出一句："听说苗子先生去世了。"我好像遭了电击，五雷轰顶，怎么可能呢？3月间他去澳大利亚还好好的，我叮嘱他早一点回来，至迟春节。他说："一定！一定！"这次回来就不走了，定居北京。

刈间说，他是从一位日本汉学家那里得知的，消息来自一位中国作家。汉学家已经写了文章寄回东京报道此事。

刈间说："也许听错了，这位汉学家的汉语不太高明。"希望是误传。

虽然已经十二点，还是打电话问问丁聪的"家长"沈峻。她一听，斩钉截铁地说："绝不可能。"

一夜没有睡好，快到天亮才迷迷糊糊睡着。电话又响了，沈峻打来的，说已经跟苗子通了电话。阿弥陀佛！原来乌有。

过了两天，沈峻转来苗子的传真，是苗子的手迹，确凿无疑。老华不知道起因，骂苗子没事吃撑了。这份传真是：

华君武先生并转沈峻：本人于一九九六年十月十七日晚十二时厌世自杀。并已通过日本刈间君电话通知范用先生，以为从此幽冥异路，永难与京中友好相见了。但一念"悼文"尚未改好，无法向组织及白吃了他们八十三年米饭的广大人民交代；二念一个人独行，道路不熟，生怕要上天堂时，错走地狱，从此永劫不回；三念君武、黄胄、范用、宪益、小丁骂我不先打个招呼，鬼鬼祟祟地溜跑，不像男子汉大丈夫行为。所以现在还没死。此外，还因各位应写的对

213

黄苗子挽联悼词，一个都没有交卷，生前看不见这些"荣哀"，死不瞑目。所以目前正在犹豫，是死是活，听候发落。苗子未绝笔。十八/十/一九九六。

"活下去，还是不活？"大有丹麦王子派头。我可以保险，苗子一定会活下去，还有那么多要写，他怎么肯撒手呢？此次去澳大利亚就是为了可以安安静静地写作。苗子是走不了的。

所谓"悼词"，苗子在丁聪的《我画你写》中有一篇字字珠玑的《遗嘱》，全文如下：

丁聪绘

　　我已经同几位来往较多的"生前友好"有过协议，趁我们现在还活着，约好一天，会做挽联的带副挽联（画一幅漫画也好），不会做挽联的带副花圈，写上几句纪念的话，趁我们都能看到的时候，大家拿出来互相欣赏一番。这比死了才开追悼会，哗拉哗拉掉眼泪，更具有现实意义。因此，我坚决反对在我死后开什么追悼会、座谈会，更不许宣读经过上级逐层审批和家属逐字争执仍然言过其实或言不及其实的叫什么"悼词"。否则，引用郑板桥的话："必为厉鬼以击其脑。"

　　好厉害！不过，苗子写这篇遗嘱确实出于至诚，绝非戏言。那种需要经过上级审批的"悼词"，不知给人事部门伤了多少脑筋，字斟句酌，往返磋商，又不给稿费，我就经办过好几起。早在10年前，苗子就立过一篇更为详细的遗嘱，说什么："如果有达观的人，碰到别人时轻松地说：'哈哈！苗子这家伙死了。'用这种口气宣布我已自动退出历史舞台，这是恰当的。我明白这决不是幸灾乐祸。"说什么：不必按其生前级别买骨灰匣，只要预备一个放过酵母片或别的东西的玻璃瓶，"这并不是我舍不得出钱，只是因为作为一个普通的脑力劳动者，我应当把自己列于'等外'较好"。说什么：也可以"约几位亲友，由一位长者主持，肃立在抽水马桶旁边，默哀毕，就把骨灰倒进马桶，长者扳动水箱把手，礼毕而散"。

　　我的老领导华应申亦有类似遗嘱，他走了已有15年：

　　效法杨老（东莼），改革丧事套套。什么"向遗体告别"，千万别搞。死了赶紧烧掉，骨灰不留，做肥料。也不要去八宝山追悼。本单位开个小型座谈，工作检讨，生活检讨，缺点错误也不饶，不是光说好。

　　我最犯愁的，怕别人抢在我前面先走，怕接到讣告，怕接到电话。这几年，每年都要接到好几回，有什么办法！"海外东坡"也不止一回了，上一回是舒湮告诉我亦代仙去。也没有什么不好，先大恸，弄清楚了，又大喜，好像做了个噩梦醒来，大大地松了一口气；噩梦也有可爱之处。

　　1989年，我给单位写过一个报告，我死了，不要发讣告，不要写行述，由我的子女出面通知亲朋好友。我拟好了几句告别词，请潘耀明兄在香港印了一张小卡片，那年体检，疑患胰腺癌，准备告别，不料活到现在，有惊无险，平安无事。我的告别词要言不烦：

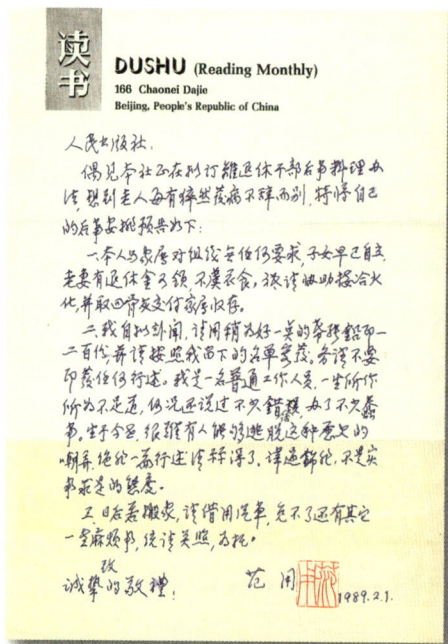

范用写给人民出版社的"后事安排预告"

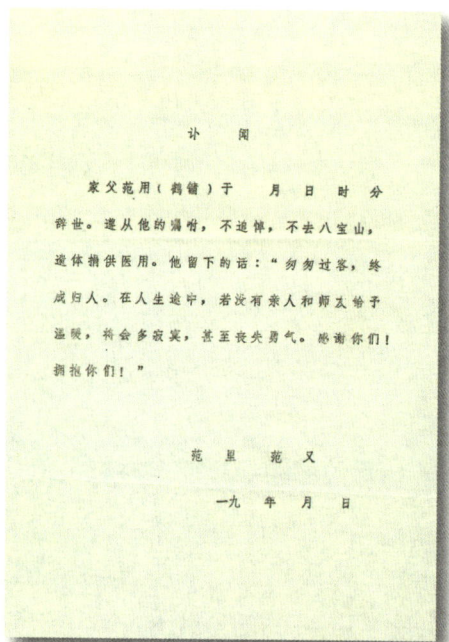

范用自拟的"讣闻"

匆匆过客，终成归人。在人生途中，倘没有亲人和师友给予温暖，给予勉励，将会多寂寞，甚至丧失勇气。感谢你们！拥抱你们！

但愿夜夜平安，电话铃不响，睡个好觉！

1996 年 11 月 15 日

（原载 1996 年 11 月 30 日《大公报》）

办杂志起家

生活、读书、新知三家出版社，由办杂志起家，生根发芽，成长壮大，用杂志开拓思想文化阵地，直接面向大众，联系读者，团结作家，推荐新人，培养编辑人才，改变了过去出版秘密刊物只在极小的圈子里流传的局面，中国共产党和进步团体的主张、号召，才能够迅速与群众见面，并能彼此交流思想，同时，也在青年知识分子中，通俗地介绍马列主义和社会科学基础知识，从思想上理论上武装他们。

从经济上讲，发展出版杂志征求预订，吸收了可观的订户存款，一部分订户又发展成为邮购图书的基本读者，这就在相当程度上解决了出书资金问题。更为有利的是，在杂志上发表书评文章，刊登新书广告，为图书发行及时传递信息，许多读者，是看了杂志，再去买书找书。生活书店的一套创作文库（其中有巴金、老舍、张天翼、沈从文、靳以等人的小说）、《我与文学》、《文学百题》、《中国的一日》、《表》等书，我都是从杂志上知道的，当年我这个小学生还买不起书，但在图书馆都找到了。从此，我又有了另一个癖好，经常看报纸和杂志上的出版广告，看不到书，看看广告也好。

解放以后，三联书店迁来北京，还出版《学习》杂志。1951年三联书店并入人民出版社，《学习》杂志另立门户。

1979年酝酿恢复三联书店，打算从出版杂志着手，曾经设想出版三个杂志。《读书》算是办成了。综合性思想评论半月刊《生活》，几位

218

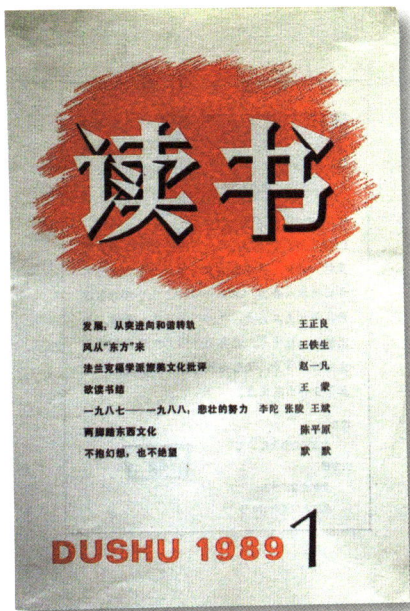

热心同志忙了一阵，忽蒙某"理论权威"关注，偃旗息鼓，胎死腹中，只留下一份试刊号。以学生、青年为对象，介绍当代和未来新知识新学科的杂志《新知》，也就不必提了。当时，听说商务印书馆陈原老总有复刊《东方杂志》之议，后来不见下文，不知道在哪里卡壳了。

当年三家办这么多杂志，是不是有个庞大的编辑部？没有，每个杂志除了主编，最多配备一两名助手，有的甚至助手也没有，就光杆主编一个人，更没有要占多少编制之说。有人讥笑是"皮包编辑部"。皮包有何不好，方便之极，拎起就走。《新音乐》主编李凌连皮包也没有，稿子都放在一个布袋里，写稿、看稿、画版式、看校样、写回信，就一个人。《读书》杂志编辑部专职人员开始两个人，即史枚同志和董秀玉，后来两三个人，最多五个人，五个年轻的女青年，"五朵金花"，目前只剩下了三朵，照样开花，杂志按期发稿出版不误。

出版社把主要力量或相当一部分力量放在办杂志上，靠办杂志起家，解放以后已不多见。有的杂志办起来以后，又从出版社分出去，独

立经营，出版社对此仿佛卸掉了包袱，这不仅是出于经济上的考虑，还在于政治上可以少点麻烦，少担些风险，君不见，稍有风吹草动，杂志往往首当其冲。

30年代，书店兼卖杂志，读者跑书店，顺手翻翻杂志，十分方便，现在杂志交邮局发行，吸收订费也就与出版社不相干，一方有盈，一方无利可图，邮局零售杂志种类有限。许多杂志除非订阅，读者无从见到也零买不到。

至于要创刊一个杂志，谈何容易。但也有容易的，这两年北京就新创刊好几个杂志，花开花落，有忙有闲，不可一概而论。要办好一个杂志，须下大工夫，要办得有看头，够水准，能叫座。如果内容平平一无可看，甚至自命为"中流砥柱"，有的标榜"追求真理"，干的却是批这个批那个，仍然没有读者，那也是无可奈何。

凡此种种，逐渐形成今天的这种编辑、出版、发行格局。谈改革，这方面是不是也可以借鉴30年代的经验？且不说资本主义有无可以对我有用的，我们自己的经验总有可资参考的吧，那样一来是不是"自由化"了？这就不是我这篇摭忆所能探讨的了。

然而我以为，一个出版社要办得有特点，能拥有基本读者，培养编辑人才，不妨从办一个有特点的杂志做起。

（原载1992年10月3日《文汇读书周报》，有删节）

漫画家与范用

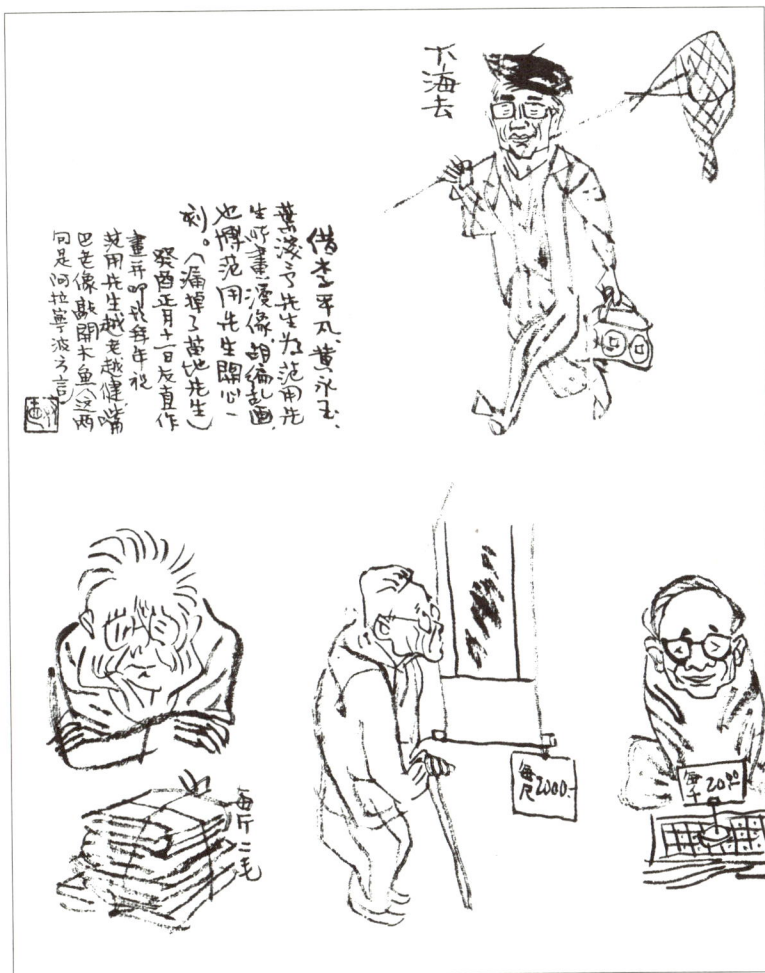

范用画像　贺友直　绘

我爱漫画，还是小学生时，就爱上了漫画。

1992年漫画家廖冰兄漫写范用："热恋漫画数十年，地覆天翻情不变，范用兄亦漫画之大情人也。"情人眼里出西施，在我眼中，漫画家胜过西施。

漫画家笔下的范用，神态不一，但都丑中见美，我是他们眼中的西施。

贺友直与我同乡同龄，我们只见过一面，喝过一次黄酒，即成知交。他三次画范用。癸酉年画范用"下海"，手持篓，肩负渔网，想来是去捞黄鱼回来做黄鱼羹下酒。又画范用练摊儿，摆地摊卖书，每斤两毛，卖文每千字二十元，还卖画，每尺二千元，其实我一笔都画不出，纯属虚构。

甲戌新正初一，贺先生又画《五柳安居图》赠我。画范用居茅屋，看书喝茶，怡然自得。

乙卯年画了一幅《千杯不多》，范用、徐淦持杯，酒坛打翻在地，

《五柳安居图》 贺友直 绘

222

《千杯不多》 贺友直 绘

醉态可掬。

贺友直有一本画自己的连环画，画自己童年、当学徒、逃难生活。这些情景我都很熟悉，读来令人鼻酸。

黄永玉画范用："除却沽酒借书外，更无一事扰公卿。"宽袍大袖古人装，"挟书又煽扇，想是喝多了"，悬于客厅，供人欣赏。

华君武画范用"出关图"。某年范用自香港归来，过深圳，海关警铃大震。原来范用带了一套不锈钢的烧烤餐具，被误为武器。范用摊开双手，不知所措，虚惊一场。

方成画范用手抱一摞书，腾空而起。此画无标题无说明。一说准是被炒鱿鱼，踢了出来；一说是跟老婆闹翻了，要打脱离，范用说别的都不要，只要书。一说是在书店偷书被发觉逃了出来；又一说可能是抱书仙去，上马克思那里去报到。手中抱的马列经典，以证明自己是好

"除却借书沽酒外，→
更无一事扰公卿。"
　　黄永玉　绘

↓《出关图》 华君武　绘

↓方成　绘

224

← "书癖堪可难扁鹊，
酒徒何妨让高阳。"
韩羽　绘

↓王师颉　绘

杨平凡　绘

226

学生。

近日韩羽画范用坐在酒壶中手持一卷："书癖甚可难扁鹊，酒徒何妨让高阳。"早几年韩羽还赠过范用一画：《金钱豹大战孙悟空》。苗子戏题："道不比魔高也偏胡闹，真的是归真的，假的难逃一棒，劈头抢露出真形貌。"（调寄《生查子》）

"文革"期间，大字报中有一幅漫画，四人抬轿，坐者刘少奇，范用持哭丧棒，如丧考妣。甚为有趣！作者小王，美编也，我的同事。大革文化命，地翻天覆，见此漫画，却精神一振，情有独钟也。去年我请他重作此画，俾得珍藏传之后世。

青年画家杨平凡画范用，竭尽夸张之能事。我的那本小书《我爱穆源》用作扉页。

此外，叶浅予、鲁少飞、丁聪、苗地、丁午几位漫画家，也都画过范用。

我常常看这批漫画，十分开心，这是范用吗？瞧这德行样子。

（原载 2002 年 3 月 5 日《新民晚报》）

怀念书友家英

爱书人习相近癖相投，遂为书友，有几位已先我而去，黎澍、唐弢、陈翰伯、田家英。思念之余，不免有寂寞之感。

50年代初，在人民出版社工作，认识了田家英。他在编《毛泽东选集》，官衔是中华人民共和国主席办公厅副主任，我们称之为"毛办"。

初见田家英，只觉得书生模样，看不出是延安的老干部，毫无官气。还不到30岁，像个大学毕业生。我说的是40年代的大学生，某些思想进步的大学生，富有热情，但无浮躁骄矜之气，温文儒雅，谦恭可亲。当然这只是表面印象。有所接触，才逐渐了解家英的才干和为人，虽然他只读过几年中学，但是在长期的革命锻炼中，却成长为政治上走向成熟的干部，"三八"式干部。

我们除工作来往，更多的接触是因为彼此都爱书，或者说都有爱看杂书的癖好。

他的杂有个范围，不外乎清末民国以来的文史著译，包括政治、经济、社会史料。他研究中国近现代史，在延安已经出版了两本有关民国史事的书。是延安有数的"秀才"、"笔杆子"。

我是什么也谈不上的杂，东翻西看，漫无边际，不问有用没有，"拾到篮里便是菜"。

他在中南海有间大办公室，除了一角放办公桌和沙发，几乎大部分

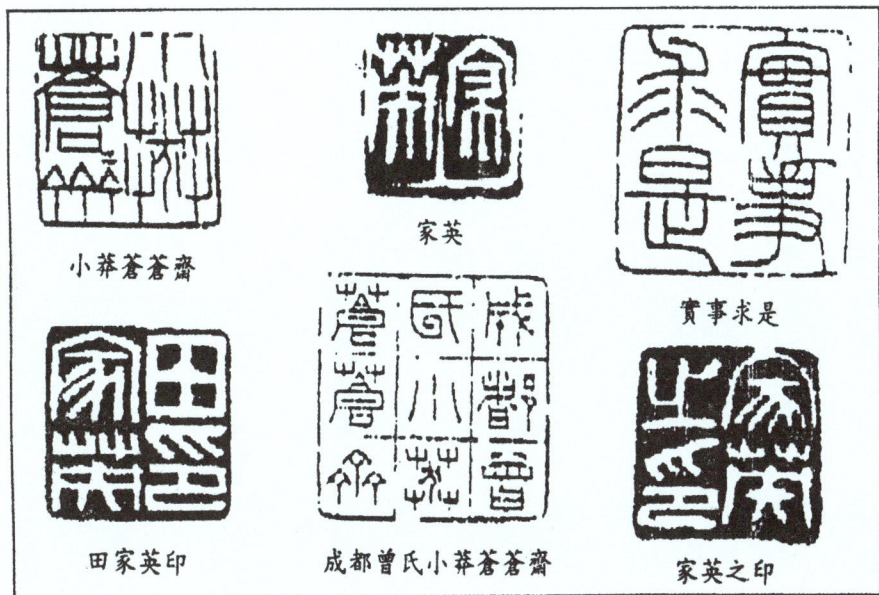

田家英的自用印章

地方摆满了书架。我每回去，谈完公事，他都要领我参观藏书，尤其是新搜求到的书。他有跑旧书店的习惯，常去琉璃厂。出差到上海，必去四马路上海书店，收获甚丰，我看看也过瘾。

家英读书没有框框，不先分什么香花毒草，不以人废言，这大概跟他长期在毛主席身边工作有关，受老人家的影响。有人说毛主席当然读书无禁区，凡人又当别论。我不相信此种高论。我向来认为天下只有读不尽的书，而没有不可读之书。好书坏书读了才知道，信不信是另一码事，不可混淆。同一本书，见仁见智随你的便，书品跟人品没有必然联系。但也有嗜臭者，比如有人只对"此处删去××字"有兴趣，有人却看了作呕。不必担心，自有公论。一本书读了，再听听看看议论更好，七嘴八舌，早晚会水落石出，更上层楼。这也是东翻西看的好处之一。这比封闭起来，只有一家之言好，提倡百家争鸣是自信心的显示。

《海瑞罢官》有人认为"要害是罢官"，是为彭德怀翻案。家英读了

229

却说看不出有什么大阴谋。孰是孰非，只有自己读它一遍，才能知道谁胡说八道。家英在这方面一点不含糊，不鹦鹉学舌，人云亦云。

我爱读杂文、散文、笔记，注意到家英收藏周作人、聂绀弩的集子相当齐全，跟我有的相差无几。他说绀弩杂文写得好。

那时周作人的书旧书店有，但内部发行。家英对我说："你缺少什么，我替你找。"内部售书要凭级别，分几个档次，家英常替毛主席找书，不受限制。我忝为中央一级出版社副总编辑，也还是低档次，有些书连看看的资格都没有。

有时他来出版社，也到我的办公室看书。有一些港台书他未见过，如金雄白的《汪政权的开场与收场》、叶誉虎的《遐庵清秘录》、《遐庵谈艺录》、托派出版物《文艺世纪》杂志等，都借去看。

有一部陈凡编的《艺林丛录》，是《大公报·艺林》副刊文章汇编，他很感兴趣，借去看了一两年，几经催索才还来。他在我的藏书印之上加盖了"家英曾阅"、"家英曾读"印记，这在我，还是头一回碰到。

这部书至今还在我的书橱里，每看到它，心里十分懊悔，家英爱看这部书，为什么不送给他，我太小气。

我们常常议论看过的书、知道的书，读书又谈人，谈文林轶事、古今文网、笔墨官司等等，直言无忌，毫无顾虑。他只大我一岁，生于1922，我1923。入党也只早我一年，他1938，我1939。我们是同时代人，有共同语言。他知识面广，有见解，我远不及他。有时看法不尽一致，并没有因为他官大，得听他的。不是有句名言"真理面前人人平

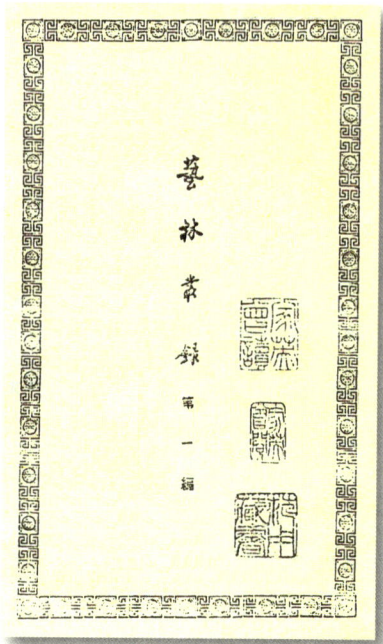

等"，真理不一定都在官手里。

在家英面前，精神上是平等的。与他相处，有安全感，不用担心有朝一日他会揭发我思想落后。有的人就得防着点，我就碰到这么一位，借我的胡风著作，说要看看，到清算胡风，却说我看了那么多胡风著作，不可能不受影响。我说，读书看报，映入大脑就是影响，难道也有罪过，也得洗脑？

中国历史上的统治者，总是跟读书人过不去，总要在这方面做文章。秦焚书坑儒，明清株连九族，到大革文化命，谁家有几本书会坐卧不宁，甚至可能遭殃。书成了万恶之源，成了祸根，难道教训还不够？

家英不仅买旧书，还醉心搜集有清一代学者的手札、日记、稿本，兴致勃勃地拿出来给我看，并且详作介绍。近人如黄侃、苏曼殊、柳亚子、鲁迅、郁达夫的墨迹，也有收藏。他买到过一本账簿，上面贴满函牍，写信人和收信人都有来头，他一一考证，如数家珍讲给我听。他说解放初期在旧书店乃至冷摊，不难觅得此类故纸，花不了多少钱就可到手。他买回来装裱成册，汇编成书，其乐无穷。

他还买了不少清人墨迹，扇面、条幅、楹联，有心收齐戊戌六君子的墨迹，已经有了若干件。他指着壁上邓石如行书"海为龙世界，天是鹤家乡"五言联告诉我，这副对联曾在毛主席那里挂了一些日子。

在实行低工资年代，家英以有限的工资和稿费收购清儒墨迹，不遗余力，不仅装裱，还要外加布套布函。他乐呵呵地告诉我："我儿子说爸爸的钱都买了大字报。董边（夫人）也说我把布票都花了。"

家英在十几年中收集的藏品约 500 家 1500 件。1989 年北京出版的《书法丛刊》以专号介绍"小莽苍苍斋"藏品，可见一斑。家英说，所有这些将来都要归公，故宫博物院院长吴仲超早就盯上了，说都要收去。我想，家英早已有此打算。

1962 年，我想办一个大型文摘刊物。家英看到我试编的《新华文萃》样本，要了一本。我说上面没有批准出版。他说："我带回去放在主席桌上，他也许有兴趣翻翻。"这桩事，我一直提心吊胆，怕批评我绕过了中宣部，家英好像不在意。我想他是赞成办这样一个刊物的，否则他不会送给毛主席看。一直到1979年出版《新华文摘》，我的这一愿望才实现，而家英弃世已经14年，我不能送这本刊物给他了。

最后一次见到家英，是1966年5月。那时丧钟已响，山雨欲来，黑云压城。我在王府井新华书店唱片门市部，遇到家英和逄先知秘书。我是去抢购"四旧"粤剧《关汉卿》、评弹开篇等唱片。过了几天消息传来，家英面对"四人帮"的迫害，用自己的手结束了生命，终年44岁。

后来读了逄先知送我的《毛泽东和他的秘书田家英》一书，方了解家英何以自尽。他在整理毛泽东的讲话时，删去了有关《海瑞罢官》的一段话，关锋告密于"四人帮"，受到王力、戚本禹的迫害，乃不惜以死抗争。

由此我回忆起大约1964年或1965年去家英处，闲谈中扯到戚本禹的《评李秀成自述》一文，家英很生气地告诉我，在他手下工作的戚本禹，把一封群众来信擅自转给了地方有关组织，会使写信人遭受打击报复，违反了有关的规定。家英把此事交给党小组，用他的话，"要帮助戚本禹认识错误"。他怎么会想到，就是这个小爬虫后来充当"四人帮"的杀手，把他逼上死路。家英心里明白，早晚有一天要搬出中南海，他非常了解毛泽东。令人悲哀的是，家英不是活着走出中南海！

我写这篇小文，除了怀念家英，同时想回答一个问题，广州《书刊报》"书写人生"征文启事说："漫漫人生路，书可能是你的精神食粮，

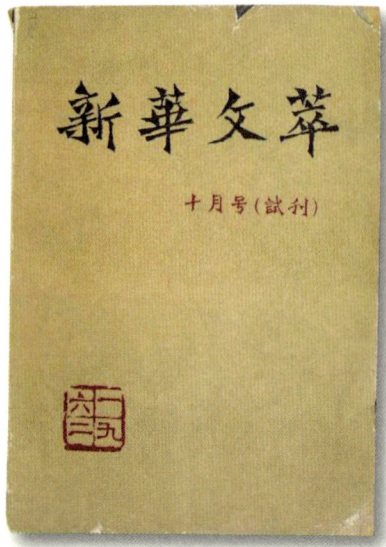

希望爱书的朋友写下最深刻的一点体会。"

我想了一下，我的体会是什么呢？能不能说，读书也是做人的权利：认识世界之权，调查研究之权，知己知彼之权，无圣人凡人之分。

家英身居高位，我不羡慕，却羡慕他买书方便，读书自由。1964年，我奉命组织班子编《蒋介石全集》，在这方面曾经有过一点小小的方便。现在卸磨养老，买不起书，海外书友偶有寄赠，有一部分被邮检没收了，大概怕我沾染毒菌或者营养过剩，有碍健康吧。如果家英还在，知道了会怎么想？

家英说自己"十年京兆一书生，爱书爱字不爱名"。毕生追求光明，竟为黑暗所吞噬。有人说家英书生气太重。在我看来，书生气比乡愿，比八面玲珑可贵。

我怀念书生家英，我的书友！

（原载 1993 年 10 月 17 日《文汇报》）

忘不了愈之先生
忘不了《月报》

知道胡愈之先生名字，我还是个小学生。

1937 年初春，我在镇江五卅图书馆借到一本创刊号《月报》。图书馆有位诗人完常白先生，对我很照顾，允许我把这本新到的杂志借回家看 3 天。

《月报》是本综合性的文摘刊物，每期厚达 250 页，打开目录，就放不下手，在一本杂志里，会有这么多篇文章，有一百多个题目，各门各类都有，分政治、经济、社会、学术、文艺五大栏。

创刊号政治栏有金仲华、胡适、钱俊瑞、顾颉刚的《1937 年的展望》，杨杰的《现代的战争论》，长江的《百灵庙战役之经过及其教训》，蒋方震的《西安事变目击谈》，冯玉祥、马占山访问记，《西班牙的战争与和平》，《苏联的新政》等文。经济栏有《1937 年资本主义世界经济的展望》，《一年来的走私与缉私》（当时日本在华北大规模走私），《中国财政的新阶段》等文。社会栏有《苏联的工人》，《日本国民性之考察》，《广州的"盲妹"》，有关英王爱德华与辛博生夫人婚案、赛金花之一生的评述。学术栏有《什么是现代化》、《一年来的科学进步》、《新史学》、《月球漫游记》等文。文艺栏最丰富，有卢焚、蒋牧良、端木蕻良的小说，朱自清的游记，夏衍的剧本，景宋、许寿裳的回忆鲁迅，以及郭沫若、周作人、朱光潜的近作，还有译文。

政治、经济、社会、学术、文艺各栏，每月都有一篇"情报"专稿，涉及国际国内，十分详尽，用现在的说法，信息总汇，从"情报"的编写，可以看出编者着实下了很大工夫。

在"参考资料"一栏，创刊号收有国民政府立法院通过的出版法、苏联宪法。从前者可以看出国民党当局对新闻出版之种种钳制，出版法共55条，限制和处分占了36条，对比苏联宪法所揭橥的"言论自由，出版自由，集会、结社、游行、示威之自由"，发人思考。那时对"斯大林时期"苏联政治大清洗的真实情况，无从知道，今天回顾历史，才懂得社会主义法制与社会主义民主，缺一不可。

插说一件事。铲除"四人帮"后，中宣部曾经抓了一下起草出版法。在讨论出版局起草的出版法的会上，周扬副部长曾经讲了这样的意见：我们的出版法，首先是保障人民的权利，其次才是限制。这话有道理。

《月报》还有"漫画一月"一栏，每期都有几十幅中外讽刺漫画作品。《月报》"最后一页"，有"读报札记""说说笑笑""游戏征答"，更增添了我这个小读者的阅读兴趣。

在创刊号卷首的话中，编者申明："创办这么一个综合刊物；把国内外的一切意见、主张、创作、感想、新闻、报道、图画、歌曲、地图、统计表等等，都经过一番选择剪裁，搜集在一本册子里。"可以说《月报》做到了这一点。

《月报》由开明书店出版，社长为夏丏尊，列名编辑的有胡愈之、孙怀仁、胡仲持、邵宗汉、叶圣陶。实际上《月报》的设计和主编者，是胡愈之先生。

昨天，我特地从资料室借来《月报》合订本，翻看了一遍，重温阅读这本刊物的种种感受，当年阅读《月报》，其心情犹如小孩子走进糖果点心店。尽管有的看得懂，有的似懂非懂，有的压根儿看不懂，却看得津津有味，看得废寝忘食。感谢这本刊物把一个15岁的少年引进了一个新的天地，大大拓展了我的思想领域和知识领域，从此体会到文摘杂志的好处。

尤其令人难忘的是，那时正是民族危机深重，日本帝国主义大举入侵迫在眉睫，《月报》以大量篇幅刊载有关文章，使国人认识团结御侮，奋起抗战是唯一出路。创刊号登了一首施谊（孙师毅）创作的新歌《上起刺刀来》，高唱"上起刺刀来，弟兄们散开！这是我们的国土，我们不挂免战牌！"激动了我幼小的心灵。以后几期又刊登了电影《十字街头》插曲，《保卫玛德里》等大众流行歌曲，我和同学们都爱唱。

我就是在《月报》的感召之下，迎接神圣抗战的揭幕，迎接大时代的到来（那时流行的用语）。这年冬天，我奔武汉，投入抗战的洪流。

不要小看一本杂志一本书，有时能够影响人的一生，韬奋先生、愈之先生主编的刊物就是。

抗日战争时期，我在武汉、桂林，很想一见我所仰慕的《月报》创办者主编者愈之先生，没有机会，后来愈之先生去了南洋。相距更远。其间海外东坡曾一度讹传先生遇难，不胜哀悼！

没有想到，1949 年 8 月，我从上海调来北京，10 月间就见到了愈之先生，而且天天可以见到，得能亲聆教诲。那时，愈之先生出任出版总署署长，副署长叶圣陶、周建人也都是我景仰的前辈，与出版社一个大门。

胡署长除了处理公务，同时筹办《新华月报》，仍然是刊物的设计、主编者。《新华月报》创刊于 1949 年 11 月，随中华人民共和国的诞生

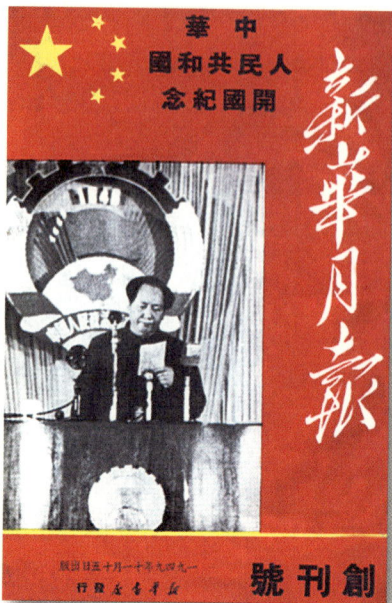

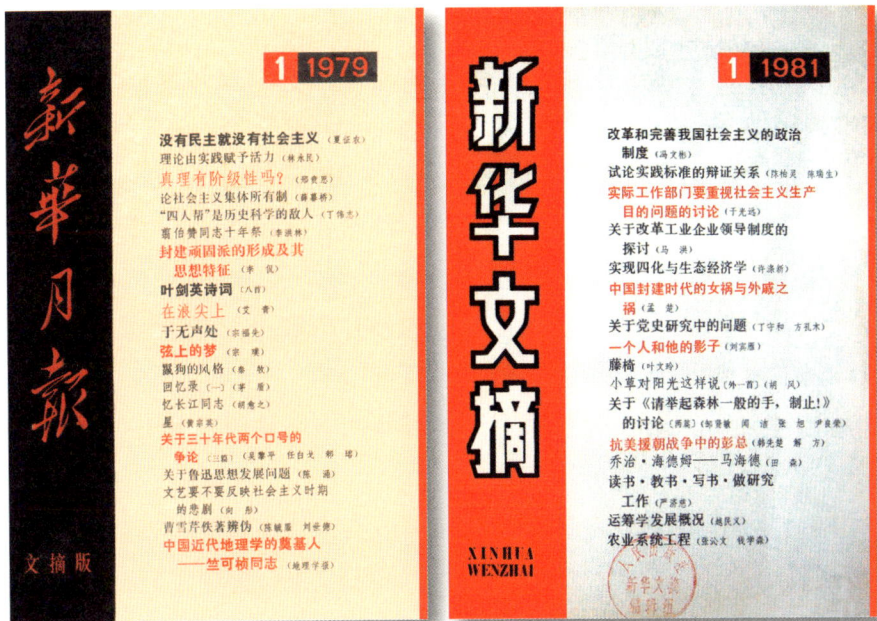

1 1979

新华月报

文摘版

没有民主就没有社会主义 (夏征农)
理论由实践赋予活力 (林永民)
真理有阶级性吗? (邢贲思)
论社会主义集体所有制 (薛暮桥)
"四人帮"是历史科学的敌人 (丁伟志)
翦伯赞同志十年祭 (李洪林)
封建顽固派的形成及其思想特征 (李定)
叶剑英诗词 (八首)
在浪尖上 (艾青)
于无声处 (宗福先)
弦上的梦 (宗璞)
疯狗的风格 (秦牧)
回忆录 (一) (黄宗英)
忆长江同志 (胡乔之)
星 (黄宗英)
关于三十年代两个口号的争论 (三篇) (吴奚平 任白戈 郭培)
关于鲁迅思想发展问题 (陈涌)
文艺要不要反映社会主义时期的悲剧 (向彤)
曹雪芹佚著辨伪 (陈毓罴 刘世德)
中国近代地理学的奠基人——竺可桢同志 (地理学报)

1 1981

新华文摘

XINHUA
WENZHAI

改革和完善我国社会主义的政治制度 (冯文彬)
试论实践标准的辩证关系 (陈柏灵 陈筠生)
实际工作部门要重视社会主义生产目的问题的讨论 (于光远)
关于改革工业企业领导制度的探讨 (马洪)
实现四化与生态经济学 (许涤新)
中国封建时代的女祸与外戚之祸 (孟楚)
关于党史研究中的问题 (丁守和 方孔木)
一个人和他的影子 (刘宾雁)
藤椅 (叶文玲)
小草对阳光这样说 (外一首) (顾凤)
关于《请举起森林一般的手,制止!》的讨论 (郑景融 阎 洁 张旭 尹良泉)
抗美援朝战争中的彭总 (韩先楚 解方)
乔治·海德姆——马海德 (田森)
读书·教书·写书·做研究工作 (严济慈)
运筹学发展概况 (越民义)
农业系统工程 (查汝强 钱学森)

而诞生,聘请作家、学者组成编委会,参加编辑、资料工作的有王子野、臧克家、楼适夷、曹伯韩、傅彬然、翟健雄、李庶、周静、郑曼、金敏之……。他们的严肃认真、一丝不苟、缜密细致的作风,给了我深刻的印象,可称之为"胡愈之式作风"。我负责出版工作,并且参与编排摄影画页和版式设计,早先胡愈之先生主编的《东方杂志》、韬奋先生主编的周刊,都有摄影画页,内容和编排都很出色,如今我可以模仿着编编。我在创刊号封面的左上角添了个国旗上的五星,有同志认为不严肃,后来经过研究,认为没有问题,总算通过,没有作废重印。可我出了一身汗,以为出了纰漏,不该自作主张。

　　《新华月报》开首几年,从内容到编排,还可以看出《月报》的轨迹。后来刊载文件、资料比重越来越大,限于篇幅,很多文章容纳不了。这本刊物的订户,有的只需要供查考用的文件、资料,多半是单位。而个人读者要求有可读性,为此编辑部常常收到读者有关这方面的建议,于是有了把《新华月报》一分为二的想法,分别

出版文献版和文摘版。读者可以各取所需。记得新华社李普副社长就曾经打电话给我谈了他的意见。《新华文摘》就是这样催生出来的，中间我还独自编过一本《新华文萃》，只印个样本。"文革"期间我挨斗，罪状之一是为30年黑线、出版界"祖师爷"的《月报》招魂。是的《新华文萃》和《新华文摘》，脱胎于《月报》、《新华月报》，是它们的后代。

目前。国内有数以百计的文摘报刊，有严肃的、专业性的，有消闲的、趣味性的，乃至于格调甚低，东拼西凑的。《新华文摘》不改初衷，不降格，不趋俗，连封面也没有赶新潮穿上奇装异服。如果要说它还有什么不足之处，怎样增强可读性和更具有综合性、多样性，还是大有文章可做，至于它的印刷和用纸，实在不敢恭维，很难令人满意，编辑部要多多听取意见，力求改进，更多地为读者着想，把这本刊物办得更出色一点。我以为，愈之先生主持的《月报》，其编辑方针和内容选材，至今仍有值得我们参考之处。

《新华文摘》不必以选家自居，以选拔佳作为己任，编者哪有这么好的眼力？本着"双百方针"，只要是值得一读，有助于读者扩大视界，尽可能兼容并蓄。人不能光吃细粮，稍有一点粗粮，对增进消化能力也是有好处的。若干年前曾经有人责问我：《新华文摘》选文章的标准是什么？我回答：只想让读者多看到一些，多知道一些，起个信息传媒作用，"便民餐馆"，如此而已。当然，这是个人意见。

这里，我抄一段愈之先生写在《月报》创刊号卷首语里的话："《月报》在编辑上有一个原则，就是注意客观的介绍，避免主观的批评《月报》上面可以登载各方面各种不同的意见和主张。"在30年代，可以这样讲这样做，用这种编法为读者服务，提高读者的阅读水平和思想水平，我这个小读者就有所得益。有一家之言，才有百家争鸣，编文摘杂志得记住这一点。教学有"启发式""灌输式"，我读书则得益于广为博览的"比较式"。

238

在《新华文摘》创刊 15 周年之际，回忆往日，缅怀故人。我先是读者，后来成为编者，忘不了愈之先生，忘不了 50 多年前的《月报》。岁月流逝，往事不会如烟，我怀念，我感谢！

1994 年 1 月 15 日

（本文是作者在《新华文摘》创刊 15 周年座谈会上的书面发言）

（原载 1994 年 2 月 5 日《文汇读书周报》）

新中国第一批期刊

1949 年 10 月 1 日，中华人民共和国宣告成立，从这时起，陆续出版了一批期刊，它们是：

《新华月报》（主编及编辑（下同）：胡愈之、楼适夷、王子野、臧克家、李庶、金敏之、翟健雄、郑曼、刘金绪等）

《文艺报》半月刊（丁玲、陈企霞）

《人民文学》月刊（艾青、严辰、韦苨）

《人民美术》月刊（王朝闻）

《人民音乐》月刊（黎章民）

《新中国妇女》月刊（沈兹九、董边）

《中苏友好》月刊（张仲实）

《说说唱唱》月刊（赵树理、苗培时）

《时事手册》周刊（王宗一）

《保卫和平》月刊（保卫世界和平大会机关刊物，孟鞠如）

《争取持久和平　争取人民民主》周刊（共产党情报局机关刊物，冯亦代、荒芜）

《翻译通报》月刊（金人）

《出版周报》（新华书店总管理处出版部内部刊物，华应申）

这 13 种期刊，全部由人民出版社承担出版。起初，期刊出版工作只有我一人办理，随后调来张启亚、张子维两位同志，从新华印刷厂

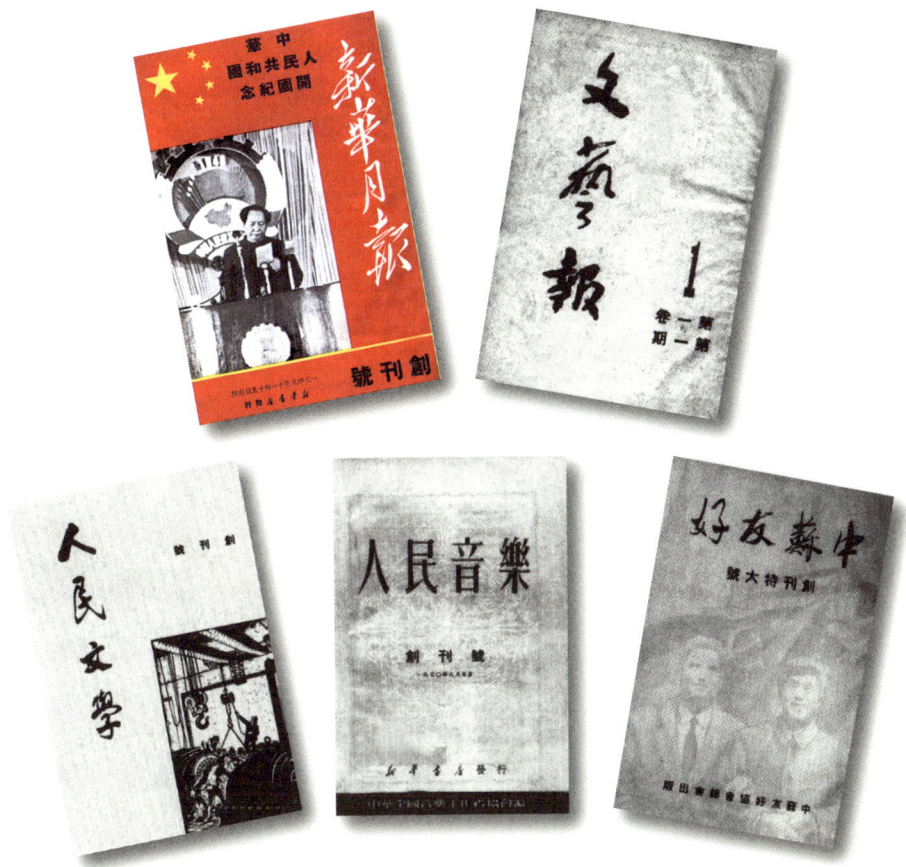

"挖"来几名校对人员，又从上海招考了一批小年轻培训做校对，计有沈昌文、陆世澄、张荣滋、沙曾熙、赵瑾、马福音、郭关生、彭卓毅等十人，由严俊带领。这样，由期刊出版科、期刊校对科组成期刊出版部，由我担任主任。

期刊出版工作，于我是驾轻就熟的。抗战期间在武汉，我在读书生活出版社工作，党的第一个公开刊物《群众》周刊即由读书生活出版社发行，还有中华全国文艺界抗敌协会的机关刊物《抗战文艺》三日刊，亦由读书生活出版社发行。《抗战文艺》由姚蓬子、孔罗荪主编，我跟他们学会了画版式。以后到重庆，读书生活出版社出版的《学习生活》

半月刊和《文学月报》，即由我经办。上列新中国第一批期刊，版式多由我设计。

这13种期刊，有的是月刊、半月刊，有的是周刊，几乎每天出版一期，工作相当辛劳，好在那时我才二十几岁，精力充沛，不怕开夜车。出版部与编辑部也有费点口舌的时候，例如临付印抽换稿件，但关系是融洽的。那时期到处洋溢着同志爱，人际关系很好，精神很愉快。期刊的主编，都是我所尊敬的作家，有的是长辈。跟他们在一起工作是很好的学习机会。丁玲请我到她家中吃饭，她住在文联，跟人民出版社都在东总布胡同。有一次还带我上前门全聚德吃烤鸭，是我第一次吃北京烤鸭。她的冤案平反后回到北京，1979年我去看她，她送了我一张跟孙儿合影的照片，完全是一位和蔼可亲的老人。

我和期刊出版部年轻人合作共事，也结下了亲密的友谊。工作中没有一个叫苦叫累的。他们下厂付印，晚上才能从西城阜成门外新华印刷厂回到东城，有时我请他们在胡同口吃碗馄饨，算是宵夜。承担期刊排印的如新华印刷厂一厂、二厂和京华印书馆，我们和排印工人也结下了

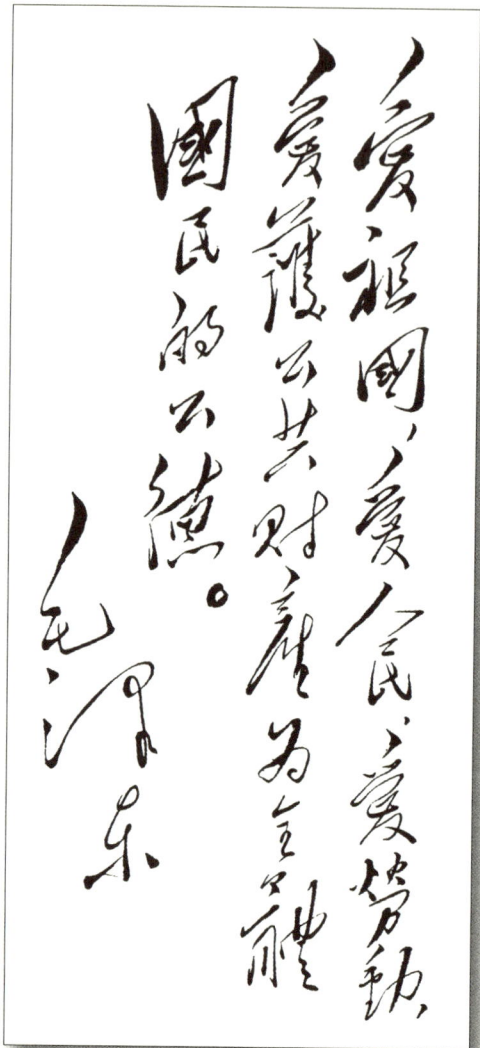

友谊。新华印刷厂有位同志叫田儒，每天往返送取校样，有时等到晚上才能回去。他骑自行车挂个白纸灯笼的车灯，刮风下雪，来去不误。和我一样，他也早已退休，几年前我们还通过电话。

1949、1950，意气风发的年代，真值得怀念！

《新华月报》创刊出版时，发生过两件事。一是封面印的毛主席在政协讲话，临付印时我心血来潮，在封面左上角印上刚通过的国旗上的五星。即有人提出把国旗这样印不妥，幸好当时尚无国旗法，不了了之。但我捏了一把汗，如果撕下重印，损失就大了。二是创刊号内有一毛主席题词插页。那是胡愈老在政协会上请主席题词，毛主席问写什么，胡愈老就将"爱祖国，爱人民，爱劳动，爱护公共财产为全体国民的公德"写了送给毛主席，没想到漏写了"爱科学"。《新华月报》印出后，经发现，已无法补救。

1979年《新华月报》再发表毛主席的题词，我请胡愈老就此写一文。胡愈老写了文章及信给我。信说，"范用同志：为《新华月报》再发表毛主席题词，要我写一文。现已写成送上请审定。"但是，胡愈老写的文章，竟然是一篇近两千字的"检讨"，向广大读者深刻检讨时过30年的那件"漏写"之事。这种认真态度，令人肃然起敬。我至今还保存着胡愈老的这份检讨，现附印于此，以怀念敬爱的胡愈之先生！

我的检讨

《新华月报》创刊于一九四九年十一月十五日。这是全国新华书店成立总店以后出版的第一个刊物，也是中华人民共和国建国以后创刊的具有历史文献性的唯一刊物。我是这个刊物编委会的负责人之一。

当《新华月报》创刊号正在筹备的时候，中国人民政治协商会议第一届全体会议正在中南海怀仁堂举行会议，在毛泽东主席亲自主持和领导之下，起草和通过关于建立中华人民共和国的一系列宣言、纲领、方针、政策以及中央人民政府组织等文件。九月二十九日那一天，会议通过《中国人民政治协商会议共同纲领》之后，宣布休会十五分钟。毛主席的席位在第一排中间，我坐在毛主席后面，相隔七八排。休会的时候，我看见毛主席仍然坐着，没有离开席位。我趁这个机会，走到毛主席席位旁，向主席报告创办《新华月报》这件事，并请示主席能否亲笔为创刊号题词。毛主席点点头，向我说："你先给我打一个稿子。"我回到自己的席位上想：打一个什么稿子才好呢？我翻阅放在前面的《共同纲领》，其中第四十二条是："提倡爱祖国、爱人民、爱劳动、爱科学、爱护公共财物为中华人民共和国全体国民的公德。"这就是后来著名的所谓"五爱"，是以毛主席为首的党中央所提出，列入当时的临时宪章《共同纲领》而由会议通过的。

我以为这段话是比较适宜的。当时会场上已经打铃，准备继续开会。我赶忙把这段话用另一张纸摘录下来，怕继续开会以后会扰乱会场秩序，抄录后甚至没有再细看一遍，就把底稿送到毛主席的席位上。后来我望见毛主席提起笔来就在写了。写完后转过身向我打个招呼，我就前去取到了毛主席的亲笔题词。那时我又高兴，又兴奋，立刻到会场外面去打了电话，要《新华月报》编委会马上来会场取去，赶紧制版。

我在当时竟没有想到我的底稿在抄录时犯了错误，把"爱科学"三个字漏掉了，"公共财物"写成"公共财产"。一直到创刊号付印发行以后，我没有发现我的错误。过了一个多月，我在国务院的一次会议上，韦明同志提醒了我，我才明白写错了字，把"五爱"变成"四爱"。但是创刊号早已大量印发，无法加以更正。后来在出版总署的"三反"运动中，我检讨了我在出版工作中的错误和缺点，其中提到了这件事。但是我的检讨是不深刻的，并且没有向《新华月报》的广泛读者公开过。

一九七〇年十月一日晚间，我上天安门城楼参加国庆晚会。毛主席上城楼来了，他按常例向站立在两旁的同志们一一握手。这也是我生平最后一次同毛主席见面和握手。毛主席同我亲切地握了手后就说："你还在搞出版工作吗？"我立时想起二十一年前犯的错误，一时竟瞠目不知所答。

党容许犯错误，但必须改正错误。所以我趁《新华月报》创刊三十周年重行刊登毛主席题词的机会，向广大读者检讨我当时所犯的错误。

我犯的错误是严重的。不能用时间匆促或一时笔误来为自己辩解。我的错误：第一，违反了毛主席"认真作好出版工作"的重要指示。第二，把毛主席党中央提出而为政协会议通过的这一段重要纲领任意删改。这和林彪、"四人帮"之流随意割裂歪曲毛主席著作不是一样吗？第三，"爱科学"漏写了，这也不是偶然笔误。当我们开始建国的时候，毛主席党中央早就提出发展科学技术是重建强盛祖国的必要条件，所以列为"五爱"之一，而在我头脑中竟没有体会到。在今天，我国进入伟大的历史转变时期，要向社会主义现代化迈进。现在连一个少先队员都懂得爱科学，相形之下，我的错误是更加严重了。

我的这一检讨是为了对自己进行鞭挞，表示要有决心改正错误。同时我也希望这一检讨对今后出版工作同志们，能起反面教育的作用，这对工作是有好处的。

胡愈之

一九七九年九月

（原载《出版史料》2003 年第 1 期）

245

感　念

30年代上海的一些出版社，都各有标记，印在书籍封底，我每拿到书，总有兴趣仔细看看，捉摸一番。

中华书局的标记，两支麦穗一本书，书是精神食粮；开明书店的标记，旭日之下一本打开的书，开卷光明；天马书店的标记，一匹展翅腾飞的骏马，天马行空；良友图书公司的标记，一对白鹅，友情应当是纯洁的；光明书局的标记，烛台上一节点燃的洋蜡，黑暗之中，豆大的光亮也是可贵的；文化生活出版社的标记，一座艺术雕塑，专出文艺书……

小时候喜欢那种称之为图案的小画儿，真想把这些小标记剪贴在本子上，今之所谓"集藏"，可是不行，舍不得破坏一本书，再说，也买不起书；

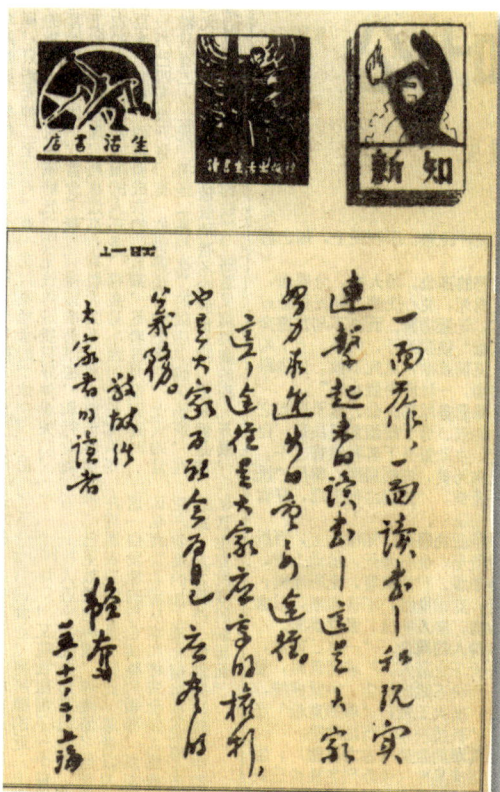

那时候有复印机就好了。

生活书店、读书生活出版社、新知书店也各有标记。生活书店的标记较为简单，花边框里"生活"两个字，没有引起我特别注意，虽然我已经读了几本"生活"出版的文艺书。新知书店和读书生活出版社的标记，倒留下深刻的印象，就像"新知"标记里的那根火柴，点燃了我的心，给我的启示是：穷人也要读书，书籍引导人们寻求光明，鼓舞人们前进。

读书生活出版社的标记尤其吸引我。当时，我刚失去父亲，家境困难，上不起中学，家里打算送我到银楼学手艺。"读书"标记是个青年站在路灯下读书自学。我想，可能我也会这样。"八·一三"后逃难到汉口，进了读书生活出版社当练习生，果然过上边工作边学习的生活。从此，我不再一味羡慕上中学上大学，满意于自己有了个可以读书的职业，觉得生活更充实更有意义。入党以后才知道是做革命工作，不光是为的吃饭读书。

在此之前，1936年底，我在读书生活出版社出版的柳湜先生主编的《大家看》杂志封面看到韬奋先生的手书题词："一面工作，一面读书——现实联系起来的读书——这是大家努力求进步的重要途径。这个途径是大家应享的权利，也是大家应尽的义务。"这几句话，可以说影响了我一生，成为我的忠实信条。我从事的职业不正是为了让人们享受这一权利尽这一义务，我应当十分珍惜这份工作，热爱这份工作。为了做好工作，自己也要多读些书，这是义务。

读书是权利，是义务。后来我设计读书出版社—斋图书馆的藏书票，在上面印了一句用"拉丁化新文字"拼写的话："人人都应该有书读"，那是在1947年，天快亮了，我做起这个梦。换了人间，可没想到现在书价这么贵，梦也不敢做了，就当痴人说梦吧。

1939年，生活书店换了新的标记：三个工人朝一个方向抢铁锤，它也给了我一种启示：要奋斗，要锻炼自己。现在三联书店还在用着这个

标记。

"生活""读书""新知"以及"三联"的标记，概括起来：联合（不是有个令人神往的口号：全世界无产者联合起来！）奋斗，掌握知识，追求光明。

从一个小小的标记，可以看出，一些知识分子办出版社，是把它作为文化工作。其中有的是出于兴趣和爱好，集合志同道合的朋友，凑点钱，作家拿自己的稿费办个出版社或者开爿书店，经营得好，创出牌子，就会拥有自己的作者和读者。

解放以后，经过改造，跟别的行业一样，出版社也摘帽加冕，彻底，干净，一刀切，私营出版社不复存在，连同它们的标记。私营的三联书店也名存实亡。事实告诉我们，关键不在公营私营，是要看你是否有颗为中国为读者的心。韬奋先生最初办刊物开书店，也还是个"个体文人"，通过实践，他成为连中国共产党都"引此为吾党的光荣[注]"的共产主义者，至今仍是中国知识分子的光辉榜样。看看现在，非私营出版社见利忘义，卖书号，胡剪滥编出书敛钱的例子还少吗？看问题切忌教条主义。

感谢韬奋先生的指引，我一生读书，而且读到不少好书，这也要感谢出版社，不仅"生活""读书""新知"，还有出版了许多好书的其他出版社。

60年前，韬奋先生和"生活""读书""新知"三家出版社的几位先辈，开创事业，历经艰险，在惊涛骇浪中前进，在崎岖泥泞的小路潜行，百折不挠，作出奉献。我们后继者应当记住前人的这番苦心，把工作做得更好。世上的事决不会一帆风顺，要不畏艰难，警惕不要在市场大潮中迷失方向。韬奋先生的心是和人民大众的心相连紧贴在一起的，他只有一个心愿：为中国，为人民大众鞠躬尽瘁。我们读他的著作，看他编的刊物办的书店，都会强烈感受到这一点，能忘得了吗？

今年，韬奋先生百年诞辰，我以感谢之情写这篇小文，表示一点心意。

1995 年 10 月 20 日

（原载 1995 年 11 月 30 日《贵州政协报》）

[注] 见 1944 年韬奋逝世中共中央的唁电。

一座有待发掘的宝藏

● 李 京 明

20世纪30年代初，江苏镇江柴炭巷，有个不到10岁的小男孩，在刻板、寂寞的日子里，用充满稚气的目光，寻找着属于自己的乐趣。一天，他发现家对面有个小印刷铺，印刷机转动时发出的清脆而单调的声音，对他来说是那么悦耳，那么美妙……于是天天跑过去玩耍。他瞪着好奇的大眼睛，看见一张张白纸被机器"吃"了进去，"吐"出来的时候上面黑压压满是文字。真的很神奇，太好玩了！

经过一番琢磨，他在印刷铺里捡了些废弃的铅字和花边，拼起来用线扎好，蘸上印泥，盖在一张张小纸片上，送给别人"分享"。在他看来，这也是印刷品啊！更让他感到兴奋和自豪的是："尽管拼不成一句话，却是我印的。"

缘分使然也好，命中注定也罢，这个小男孩从此一发而不可收，他爱上了出版这一行，天天跟书打交道，也因此度过了愉快的一生。他，就是后来蜚声读书出版界的范用。

一辈子读书编书出书的范用，笃定想不到身后会有一本纪念他的书出版。当我得知要出版关于他的纪念文集并由我负责编辑时，倒是有些意外。老实说，我很想做这件事，但自忖对范用的那点了解，恐心之所向而力有未逮也。

可不知怎么，我"斗胆"应了下来。也许，他的《我爱穆源》《泥土·脚印》打动了我；也许，他曾经"盘踞"了30年的"老巢"（人民出版社520办公室）也是我虚度了15年光阴之所；也许，我与他都是性情中人吧……

为呈现一个"真性情"的范用，书中特意选编了十余篇他晚年写的回忆文章，清新隽永，荡气回肠。读罢掩卷，你会感觉一个童心未泯、至情至性的范用从书里"蹦"了出来！他自谦"不善于写作"，是的，他的确不善于写那些为写而写或刻意雕饰的作品，他只把写作视为传达与寄托真情实感的手段。仅举一例：

《只有一年》是他71岁时写给小学同班一位要好女生的信，字里行间饱含着深情。那是魂牵梦萦六十载的纯真眷恋，那是发自心底略带颤抖的稚嫩的呼唤。循着这呼唤，我不知不觉地被他带到了遥远的过去……在这封跨越六十年时空，实际上已无法寄出的长信里，处处洋溢着"澄澈的热情，天真的依恋"；那种"只有涉世未深、不谙世情的孩子才可能萌生和保持的纯洁友谊"，居然"没有被忧患摧毁，没有被功利污染，没有被某些观念扭曲，没有被无情的时间冲淡，真是无价了（邵燕祥语）"。冰心先生为《我爱穆源》的题词中说："童年，是梦中的真，是真中的梦，是回忆时含泪的微笑！"再贴切不过。

都说范用视书为生命，但读书之于范用，到底意味着什么呢？

只上过几年小学的范用，从学徒做起，一步一个脚印，终成出版巨擘。不用说，是读书成就了他。俄国出版家绥青《为书籍的一生》，是范用最早推介给国内读者的；而"为书籍的一生"，也恰恰是范用的真实写照。

"博学之，明辨之，开卷有益，读书无禁区"是范用的读书观，他认为重点在"明辨之"。我理解，生有涯而知无涯，唯"明辨之"，方能沙里淘金，求得真知，或可"以有涯随无涯"。

读书，要少一些功利心。因为读书不只是一种学习方式，它更是一种生活方式。读书，把我们带入神圣的精神殿堂；读书，使我们认识自

身存在的意义；读书，领我们踏上真正的生命旅程；读书，让我们跨越区区数万个日出日落而与天地同在！

编书也是学习的过程。一页页久违了的绿格稿纸，一行行算不上漂亮但清晰工整的字迹，一段段朴实无华却感人肺腑的话语……透过那种真情和专注，我隐约看到了范用的影子。是啊，他的人品，他的爱憎，他的执著，他的追求，不正是体现于一桩又一桩感人的小事中，熔铸在一本又一本精美的图书里吗?! 毫无疑问，他是出版史上的一座丰碑，而本书中那些感人的回忆，是为这座丰碑献上的一束束美丽的鲜花！付梓之际，松了口气；然放眼书界，却难以释怀。君不见追名逐利、哗众取宠之风日盛。那种"甘为他人作嫁衣裳"，一门心思为读者出好书的职业出版家，他们的追求还能否成为下一代出版人的理想？他们的道德文章，他们的社会责任感，还能否被推崇和传承？我不知道。唯愿本书能为喧嚣的文化市场中那些浮躁的心灵提供一方小憩之所。

说了这么多，还是觉得最想表达的东西没有表达出来。正搜肠刮肚、抓耳挠腮之际，忽地记起范用《"大雁"之歌》中的一段话，而此时此刻这段话使我产生了强烈的共鸣——"'做出版，必须感情用事。'说得何等的好！只有带着感情做，才能做好，才能享受到工作的快乐。"是啊，说得何等的好！

"书魂永在"，取自刘再复先生为范用所拟挽联中的一句，原文如下："范老远走，太阳落山，不知让我悲伤到几时，缅怀到几时；书魂永在，高格盖世，更是启人勤奋度一生，明正度一生。"发自肺腑，寓意颇深。

范用的一生，平凡而又奇特，恰似一座"无比美丽深邃的宝藏"，有待我们去探索和发掘。

还等什么？我们一起出发吧！

2011 年 8 月

出 版 后 记

2010 年 9 月 14 日 17 时 40 分，中国共产党的优秀党员，我国著名编辑家、出版家、国务院特殊津贴获得者，人民出版社原副社长、副总编辑、三联书店原总经理、资深编审范用同志，因病医治无效，在北京协和医院病逝，享年 87 岁。

范用原名范鹤镛，1923 年 7 月 18 日生于江苏镇江。1938 年在汉口读书生活出版社参加工作，并参加青年救国团等进步团体，1939 年随读书出版社到重庆，并加入中国共产党，1941 年到桂林重新设立的读书出版社工作，1944 年任读书出版社重庆分社经理，1946 年调任上海读书出版社，并参加救国会及活动，1949 年任上海军管会新闻出版处联络员，1949 年 8 月到北京，先后在中央出版委员会、中央政府出版总署出版局、新华书店总管理处出版部工作。1950 年 12 月到人民出版社，先后任出版部主任、秘书室副主任、总编室副主任、办公室主任，1960 年 4 月任人民出版社副社长、副总编辑，1982 年任三联书店总经理、人民出版社副社长职务。1985 年 12 月离休。2009 年 9 月经中共中央组织部批准，享受副部级医疗待遇。

范用是我国著名的编辑出版大家。他毕生从事、热爱出版事业，成就巨大。他曾策划编辑出版了绥青的《为书籍的一生》、巴金的《随想录》、陈白尘的《牛棚日记》、《傅雷家书》及杨绛的《干校六记》等一大批具有广泛与深远影响的精品力作；他也是我国著名的杂志人，曾倡

导创办了《新华文摘》杂志，主持创办了《读书》杂志。《新华文摘》已经成为全国有影响的大型文摘刊物；《读书》也已是一份拥有广大读者的著名人文刊物。范用同志勤于创作，著有《我爱穆源》、《泥土·脚印》、《泥土·脚印（续编）》、《叶雨书衣》等多部知名作品。

范用同志品格高尚，淡泊名利，高风亮节，工作一丝不苟。他性格刚强、决断明快、爱憎分明、疾恶如仇，是一个极重感情的人。他认定要做的事，往往坚决果敢，全力以赴，一竿子插到底，非把它做好做完美不可。他办事能力强，工作极有魄力。他个性耿直，待人真诚，酷爱出书、编杂志，一心扑在工作上，几十年如一日。他一生视书籍如生命，视读者为亲人，甘为他人作嫁衣，堪为后人学习的榜样。

为了缅怀这位编辑、出版大家，充分挖掘、整理他留下来的宝贵精神财富，我们决定编辑出版《书魂永在——范用纪念文集》。

本书分为上编和下编，内容既有范用同志的朋友和同事回忆他的文章，又有范用同志本人的作品，内容丰富翔实，真实地展现了范用同志一生的足迹。

范用同志为书籍的一生，是那样的奇特；他对出好书的追求，是那样的执著。他对编辑出版事业作出的巨大贡献，我们应当永远铭记；他甘于奉献、淡泊名利的高尚品格，永远值得我们学习。

人民出版社

生活·讀書·新知 三联书店

责任编辑：李京明

装帧设计：肖　辉

责任校对：吴海平　张　红

图书在版编目（CIP）数据

书魂永在——范用纪念文集／本书编委会 编 .－北京：人民出版社，2011.9

ISBN 978－7－01－010195－8

Ⅰ.①书…　Ⅱ.①本…　Ⅲ.①范用（1923～2010）—纪念文集

Ⅳ.① K825.42—53

中国版本图书馆 CIP 数据核字（2011）第 171660 号

书魂永在——范用纪念文集

SHUHUN YONGZAI—FANYONG JINIAN WENJI

本书编委会

人民出版社 出版发行

（100706　北京朝阳门内大街 166 号）

北京盛通印刷股份有限公司印刷　新华书店经销

2011 年 9 月第 1 版　2011 年 9 月北京第 1 次印刷

开本：720 毫米 × 1000 毫米 1/16　印张：16.75　字数：221 千字

ISBN 978－7－01－010195－8　定价：56.00 元

邮购地址 100706　北京朝阳门内大街 166 号

人民东方图书销售中心　电话（010）65250042　65289539